가로세로 낱말

경제 용어 퍼즐

2

가로세로 낱말

경제 용어 퍼즐 2

초판 1쇄 인쇄일 2018년 12월 18일
초판 1쇄 발행일 2018년 12월 24일

기획 작은책방 기획팀 **지은이** 이보경
펴낸이 김지영 **펴낸곳** 지브레인[Gbrain]
편집 김현주
마케팅 조명구 **제작 · 관리** 김동영

출판등록 2001년 7월 3일 제2005-000022호
주소 04021 서울시 마포구 월드컵로7길 88 2층
전화 (02)2648-7224 **팩스** (02)2654-7696

ISBN 978-89-5979-575-8 (04320)
978-89-5979-576-5 (SET)

- 작은책방은 지브레인의 인문 전문 분야 브랜드입니다.
- 책값은 뒤표지에 있습니다.
- 잘못된 책은 교환해 드립니다.

표지 이미지 www.freepik.com / www.utoimage.com / www.vecteezy.com /pixabay.com/
본문 이미지 www.freepik.com / www.utoimage.com

가로세로 낱말

경제 용어 퍼즐 2

작은책방 기획팀 기획
이보경 지음

작은책방

머리말

사람들은 매일 밥을 먹고 일을 하며 주말이면 다양한 방법으로 휴식을 즐기고 친구를 만난다. 우리가 하는 이러한 모든 행위 자체가 바로 경제 활동이다.

우리는 매일 경제 활동을 하며 살면서도 마치 공기를 대하듯 거대한 경제 체재의 영향력을 잘 느끼지 못한다. 미국이 금리 인상을 발표하는 일과 중국이 '일대일로' 정책을 펴는 일이 당장 회사에 늦을까 봐 택시를 잡아타야 하는 우리에게는 그리 중요하지 않다. 그런데 현대 사회는 이념도 정치도 아닌 경제와 연동되어 있다. 미국의 경제 이슈로 인해 우리나라 경제가 호황일 수도 있고 불황이 될 수도 있다. 따라서 경제는 충분히 관심가져야 할 분야임에도 불구하고 우리는 크게 관심을 두지 않는다.

하지만 경제야말로 밥을 먹고 일을 하며 친구와 커피를 마시는 일처럼 일상적인 모든 생활 그 자체이다. 왜 '소확행', '워라벨'이라는 말이 유행하는 것인지 우리는 호기심을 가져야 할 때가 왔다.

《가로세로 낱말 경제 용어 퍼즐 2》는 그러한 호기심에서 출발했다.《가로세로 낱말 경제 용어 퍼즐 2》에서는 딱딱하고 외계어 같은 전문 경제학 이론을 설명하고자 하는 것이 아니라 내 옆에 숨쉬고 있는 경제 이슈와 변화하는 사회 안에서 새롭게 부각되는 최신 '라이프스타일'을 담으려 노력했다.

이 책의 목적은 새로운 탐구생활의 즐거움을 아는 것이다. 내가 알고 있는 과거의 지식이 아니라 변화하는 사회지식을 소개하고 있다. 그러니 인터넷 지식을 즐기며 가벼운 마음으로 친구들과 여행을 준비하듯 풀어나가길 바란다. 그렇게 풀어가다 보면 한층 더 친숙해진 경제를 만나게 될 것이다.

이보경

1) 《가로세로 낱말 경제 용어 퍼즐》에 나오는 경제 용어들은 우리 실생활에서 많이 사용하는 경제 용어들을 기준으로 했습니다. 그럼에도 불구하고 낯선 용어나 기억이 떠오르지 않는다면 조급해하지 마시고 즐기는 기분으로 인터넷에서 찾아보며 풀어가시길 바랍니다. 다양한 방법을 이용한 퍼즐 풀이는 그만큼 확실한 지식으로 남게 될 것입니다.

2) 《가로세로 낱말 경제 용어 퍼즐》에서는 생활 경제 용어를 기준으로 회계, 부동산, 주식, 경제, 경영 등 경제에 관한 분야를 모두 소개하고 있습니다.

3) 띄어쓰기가 된 곳은 ★로 표시했습니다.

4) 부록에 퍼즐 속 경제 용어들에 대한 소개와 사진을 담아 좀 더 이해하기 쉽도록 안내하고 있습니다.

5) 한 퍼즐당 대략 11~14문제 정도가 소개되었습니다. 설명을 다르게 해서 같은 경제 용어를 소개한 것도 있습니다.

6) 재미있게 푸는 동안 내가 가진 지식도 늘 것입니다. 퍼즐이므로 즐기며 활용해보시길 바랍니다.

CONTENTS

경제 용어 퍼즐

가로 열쇠

3 중앙은행이 시중은행에 대출해줄 때 적용하는 금리.

4 정부의 일반 회계에서 세출이 세입보다 많은 재정 상태를 말하는 것으로, 재정을 통해 불황을 극복하기 위해 쓰는 방법.

5 개인의 절약과 저축이 개인에게는 이익이지만 국가 경제의 침체의 원인이 될 수도 있듯이 개인에게는 좋은 일이 전체적으로는 나쁜 영향을 줄 수 있다는 이론.

8 15~64세에 해당하는 인구로, 경제활동인구와 비경제활동인구를 합쳐서 부르는 용어.

9 국민경제 전체를 나타내는 소비 · 투자 · 저축 등의 집계량 수치를 이용해 분석하고 연구하는 경제학.

10 통화공급량 증대나 상승으로 인해 발생하는 인플레이션.

세로 열쇠

1 정부가 인플레이션에 대비해서 세금을 늘리거나 지출을 줄여 경기과열을 방지하려는 정책.

2 사회주의 경제체제나 정부주도의 경제체제에 반하는 것으로 경제를 시장에 맡겨두자는 시장기능 중시이론.

6 총자산에서 총부채를 뺀 잔액 전부.

7 경기과열로 총수요가 총공급을 뛰어넘는 인플레이션.

1

					1↓					
					축					
			2↓		3→					
		4→ 적								
	5→		의	★		6↓			7↓	
			★							
					8→ 생					
9→				학						
				10→				레		
									션	

가로 열쇠

2 전년 대비 국민 경제의 증감분을 나타낸 비율.

4 시장 상황에 따라 각국의 환율을 변동하는 제도.

6 정보통신기술과 제조업의 융합을 통해 제조업의 경쟁력을 높이려는 독일 정부의 제조업 성장 전략으로 '4차산업혁명'의 시발점이 되었다.

7 일정기간 출생률이 급증하는 시기로 우리나라에서는 6·25전쟁 이후를 말한다.

9 외국과의 무역.

11 정부나 중앙은행이 금리조정을 통해 통화량을 조절함으로써 완전고용, 물가안정, 국제수지의 향상, 경제성장의 촉진 등 정책목표를 달성하기 위해 취하는 정책.

세로 열쇠

1 경제의 개별 주체들이 시장에서 경쟁을 통해 가격이 형성되는 경제.

3 1869년 뉴욕에 설립된 기업으로 CEO 대부분이 유대인 출신이며 인수합병과 채권발행 등의 사업을 하는 미국의 증권회사.

4 기준금리의 증감에 따라 변하는 금리.

5 원자재 가격, 환율, 세금, 임금, 금융비용, 유통비용, 부동산 임차료 등과 같이 상품 원가를 구성하는 항목들의 가격 상승에 의해 물가가 지속적으로 상승하는 현상.

8 기업의 자산과 부채 및 자본을 일정한 구분 · 배열 · 분류에 따라서 기재해 기업의 재무상태를 총괄적으로 표시하는 재무제표.

10 통화 불안 시 외화유입 방지를 위해 국내에 거주하지 않는 비거주자의 달러 예금에 마이너스 금리를 부과하는 것.

2

									1↓		
						2→					
			3↓								
					4↓→				제		
	5↓		만								
	6→ 인					★	4.0				
7→					8↓ 대						
					9→		교	10↓			
								11→			책

답 112P

가로 열쇠

3 경제주체의 소득이 실물거래와 금융거래를 통해 어떻게 투자되고 흐르는지 분석하는 것.

5 대한민국의 경제정책과 예산 및 세제 등을 총괄하는 중앙행정기관.

7 국부론의 저자이며 경제학이라는 학문의 시초가 된 영국의 도덕철학자이며 정치경제학자.

10 근무하는 기업은 다르지만 같은 산업에 종사하는 근로자들이 모여 형성된 노동조합.

11 극심한 부동산 투기로 인해 경제상황과는 상관없이 집값이 오르는 현상.

세로 열쇠

1 대외거래에 필요한 외환을 확보하지 못한 상태. 우리나라 또한 이것으로 인해 'IMF'의 구제금융을 받았다.

2 인플레이션을 우려한 정부가 정부 수입인 세금을 많이 거두고 지출을 줄이는 재정정책으로 물가안정을 꾀하는 정책.

4 환율 변동에 따른 손해.

6 16세기 경제적 실권을 쥐게 되면서 새롭게 출현한 상인이나 지주 계층. 시민혁명의 주체가 된 계급이기도 하다.

8 1886년에 창립된 미국의 직업별 노동조합 연합체.

9 군부 지도자들과 군수 산업체 소유 민간 업자들 사이의 상호의존 체계를 가리키는 용어.

3

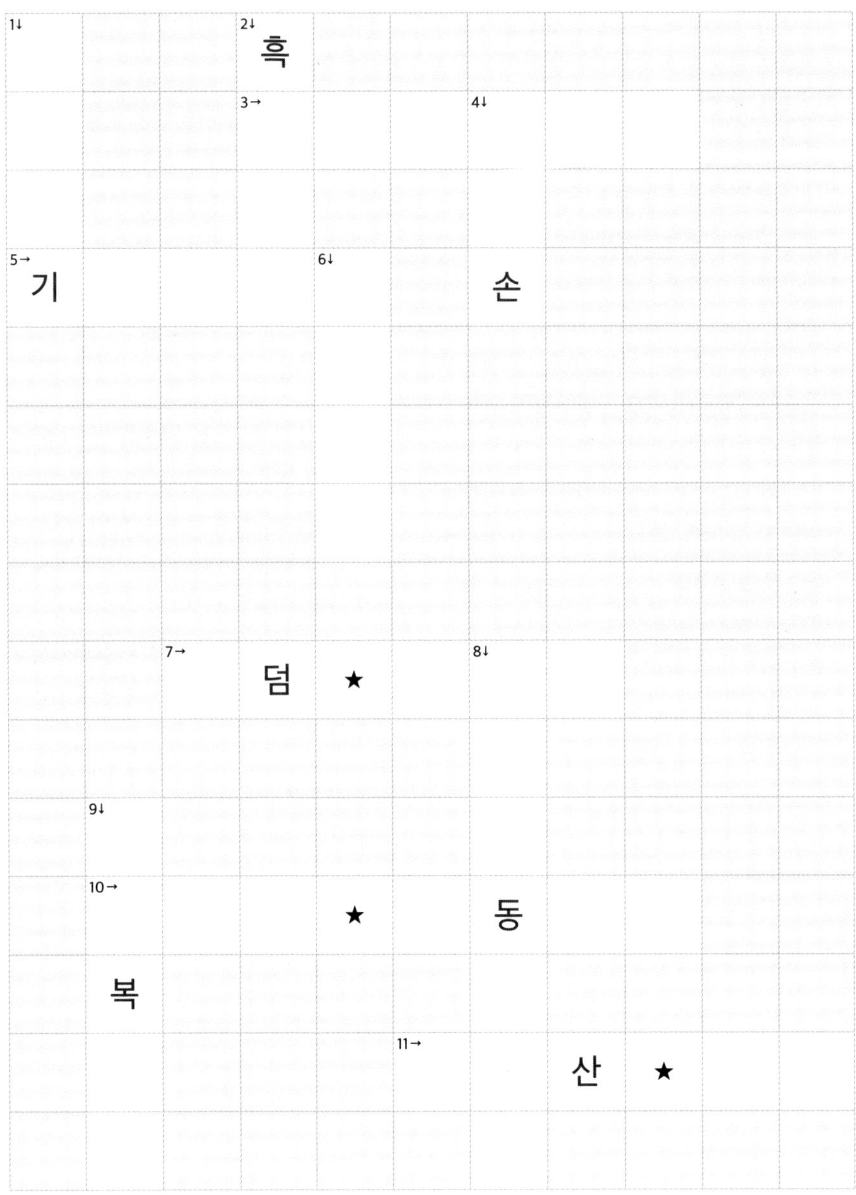

가로 열쇠

2 정부 및 중앙은행이 대외 지급준비자산으로 보유하고 있는 외화자산을 나타내는 용어로 주로 달러, 유로, 엔화 등이 쓰인다.

6 대규모 인력을 투입해 이익을 얻는 산업이 아니라 철강, 석유화학 등과 같이 대규모 장치를 설치함으로서 생산하는 산업.

8 1주 동안 규정된 근무일수를 다 채운 근로자에게 지급되는 유급휴일에 대한 수당.

9 정년이 되기 전에 희망자에 한 해 시행되는 조기 퇴직 제도.

11 실업상태에 있는 노동자가 새로운 직장을 구하기 위해 정보수집활동을 하는 기간 동안 노동력의 수요와 공급이 일시적으로 불균형 상태에 있는 실업상태.

세로 열쇠

1 환율의 변동을 인정하지 않고 고정시킨 환율.

3 한 기업이 성장함에 따라 창출한 고용을 나타내는 수치.

4 1차산업의 원료를 가공하여 물건을 만들어내는 산업.

5 영, 유아가 있는 근로자가 사업주에게 자녀양육을 위해 휴직할 수 있도록 하는 제도.

6 코스피와 코스닥을 제외한 주식을 거래하는 시장.

7 증기기관의 발명으로 시작된 18세기 유럽의 기술, 정치, 사회 등에 새로운 변혁을 가져온 사건.

10 은행이 고객에게 빌려준 대출이자에서 예금고객에게 지급하는 예금이자를 차감한 부분.

4

	1↓										
2→	환			3↓							
						4↓					
									5↓		
			6↓→		7↓	업					
								8→	휴		
			주								
					9→ 명	10↓					
						11→		적	★		
						진					

답 112P

가로 열쇠

2 최종생산물에 대한 가계와 민간 비영리단체의 지출을 말하는 용어.

3 경영의 효율을 높이기 위해 국가가 경영하는 기업을 민간 기업으로 이전하는 것.

6 정해진 기간 동안 투자금을 투자한 뒤 이자금 내에서 일부를 인출하거나 만기 시 투자금과 이자금액을 합쳐 인출할 수 있는 투자방식.

8 한 나라의 대외거래 시 돈을 빌려주고 받는 것을 기록한 지표.

11 소비자가 제품 구입 시 기준이 되는 가격.

10 물가상승이나 물자부족이 예상되어질 때 필요하지 않음에도 발생하는 수요.

12 대지면적에 대한 건축면적의 비율.

세로 열쇠

1 규모는 작지만 내실이 튼튼한 기업을 가리키는 신조어.

3 부당한 공동행위 및 불공정거래행위를 규제하기 위해 제정된 법률.

4 건물, 기계, 선박, 차량 등의 고정자산에 민간 기업이 하는 투자.

5 기업이 파산의 위험에 처해 있을 때 법원의 중재로 채권자와 채무자들의 변제협정을 통해 파산을 피하는 제도.

7 자본 · 노동 및 토지 등을 결합시켜 재화를 만들어 내는 과정.

9 금융기관이 한국은행에 의무적으로 예치해야 하는 예금의 일정 비율.

10 덤핑 조사대상 물품의 수출기업이 반덤핑관세를 피하기 위해 수입국이 만족할 수준으로 가격을 인상하기로 약속하는 것.

5

		1↓										
2→ 민												
3↱		업	★	4↓		5↓						
6→	치											
				비								7↓
				8→			9↓ 지		10↱ 가			
							11→					
					12→	폐						
												입

답 113P

가로 열쇠

1 애덤 스미스에 이어 고전 경제학의 완성을 이룬 영국의 경제학자.

4 국제 유가가 상승함으로써 발생하는 전 세계적인 혼란 상황.

8 한 산업의 생산 활동이 다른 관련 산업의 생산에까지 영향을 주어 총산출 규모가 결정되는 효과.

10 자산을 얼마나 빠르고 쉽게 현금으로 바꿀 수 있는지를 나타내는 경제학 용어.

세로 열쇠

2 '미래를 예측할 수 없는 불안한 상황'이라는 뜻의 경제용어. 투자나 경제 전망을 예견할 때 앞으로 벌어질 상황에 따라 이득도 손해도 볼 수 있는 이중적 상태를 포함하고 있는 용어이기도 하다.

3 도로, 댐, 교량, 터널, 선박 및 고층건물 등의 공사를 공사 발주자의 계약조건에 맞게 도급받는 업자가 이행하는 계약.

5 주식시장에서 신년 초인 1월이 다른 달보다 주가 상승률이 높게 나타나는 특이한 현상.

6 과거에는 성장률이 높은 산업이었으나 시장 상황의 변화 등으로 인해 성장률이 점차 감소하는 산업.

7 산업의 근대화와 경제성장이 선진국에 비해 뒤처지고 있는 나라를 말한다.

9 국제 시장의 추세에 따라 환율을 변동하는 제도.

11 최저개발국이라고도 불리며 1971년 유엔이 제안했다. 1인당 국내총생산 개인소득이 900달러 미만이며 교육수준, 평균 수명, 칼로리 섭취량 등을 기준으로 3년마다 정하고 있다.

6

		1→ 데				★	2↓		3↓
				4→	5↓ 일				
	6↓								약
			7↓						
8→		유					9↓		
	업					10→	동		
					11↓				
					국				

가로 열쇠

2 특정 과세대상에 부과되는 소비세로 개별소비세로 바뀌기 전 명칭.

5 정부의 규제나 경제정책을 최소화하여 시장 간섭을 축소하고 경제활동은 자유롭게 시장에 맡기자는 이론.

6 공급이 수요를 낳는다고 주장했으며 애덤 스미스의 이론을 프랑스에 도입하고 유럽에 널리 보급한 프랑스의 고전파 경제학자.

8 문제가 발생하거나 결함이 있는 자동차를 만든 제조회사에서 수리, 보상, 교환해주는 제도.

10 어느 기업의 인수 합병 시 매수 의사가 있는 회사가 믿을 수 있는 제3자에게 매수하려는 기업의 주식을 먼저 사서 보유하게 하는 행위.

12 미국의 각 주에 할당된 주별 선거인단의 수만큼 그 주에서 승리한 후보가 전부 자신의 표로 가지고 올 수 있는 미국의 독특한 선거제도.

세로 열쇠

1 법인이 부동산 또는 부동산의 권리를 양도하는 경우에 발생하는 양도차익을 과세대상으로 하는 세금.

3 국제통화기금(IMF), 세계무역기구(WTO)와 함께 3대 국제경제기구로 전 세계의 빈곤 퇴치와 개발도상국의 경제 발전을 목표로 1945년 설립된 다자개발은행.

4 경제학의 시조인 애덤 스미스의 대표작.

7 2014년 비탈릭 부테린이 개발한 가상화폐로 블록체인 기술을 여러 분야에 접목할 수 있도록 업그레이드한 기술.

9 2000년 3월 27일 출범한 증권거래소 시장으로 코스닥시장에 상장 또는 등록되지 않은 비상장, 비등록 주식을 거래하는 시장.

11 각국의 환율을 각 나라의 상황에 맞게 변동할 수 있는 변동환율제의 인정과 금본위제 폐지 등을 골자로 하는 새로운 국제통화 협력체제. 1976년 자메이카에서 개최된 IMF 잠정위원회에서 합의되었다.

7

		1↓							
	2→	별			3↓				
								4↓	
				5→		★			론
6→ 존	★		7↓						
			더						
			8→		9↓				
					3				
					10→			11↓	
		12→		독					
								체	

답 113P

가로 열쇠

3 3자 이상의 복수거래를 동시에 하는 스왑 거래.

5 동일 시장을 가진 여러 기업이 모여 공동판매회사를 설립해 일원으로 판매하는 조직을 말하지만 주식이나 공사채 등의 유가증권 발행 시 그 인수를 위해 결성되는 인수단을 뜻하는 용어로도 쓰인다.

6 동종 유사산업 간의 담합을 뜻하는 용어.

7 1991년 미국 텍사스 주 댈러스에 설립된 폐쇄형 사모펀드로 주로 부실채권 정리, 부동산 운용, 기업 구조조정 등에 투자된다.

9 그래픽 메뉴에서 제목을 클릭하면 두루마리 휴지가 풀리듯 내려오는 메뉴 형태.

11 제품 제조에 투입한 노동력에 대한 비용.

세로 열쇠

1 우먼과 이코노믹스의 합성어로 여성들의 활발한 사회진출에 의해 경제를 주도해가는 현상.

2 미국의 중, 서부에 형성된 거대 옥수수 재배지역을 가리키는 용어.

4 영국의 경제학자인 존 케인스의 대표작으로 수정자본주의의 기초를 세운 저서.

5 개인의 신용을 기준으로 발급되며 카드사가 먼저 물품 값을 결제하고 은행 등의 결제계좌를 통해 일정 기간 동안 사용한 카드 대금이 빠지는 신용거래 결제 수단.

8 조건부 차관이라고도 하며 차관을 빌려주는 쪽에서 차관의 쓰임 용도를 지정하고 그 용도의 목적에 맞는 조건 성립에 한해 대출이 이루어지며 대출 운용상황까지 감독하는 형태의 대출.

10 저성장, 규제 강화, 소비 위축, 미국 시장의 영향력 감소 등을 주요 흐름으로 하는 2008년 글로벌 금융위기 이후 나타난 새로운 경제 현상을 특징짓는 용어.

8

			1↓									
										2↓		
3→		4↓	스			5↱			이			
		반										
						6→						
		7→		8↓		드						
				9→				★		10↓ 뉴		
				론						11→		

답 113P

가로 열쇠

1 일본 가정에서 초밥을 만들 때 값싼 고등어가 아닌 참치를 얼마나 사용하는가를 기준으로 파악하는 일본 경기 지수.

3 애덤 스미스가 명명한 이름으로 16~18세기 유럽에서 주류를 이루었던 이론. 상업과 이를 뒷받침하는 공업을 중시하는 경제 이론과 정책을 말한다.

5 기업이 보유한 자산 가치와 수익 가치를 합친 것으로 기업이 지닌 가치를 산출하기 위해 사용되는 기준.

7 상품과 증권을 보유하는 데 들어가는 이자 비용 등을 의미하는 용어.

9 아파트 면적을 계산할 때 시야에 들어오는 벽체 안쪽을 기준으로 벽체와 벽체 사이의 거리를 포함하여 계산하는 방법. 기존의 벽 중심에서 재는 치수에 비해 전용면적에 포함되는 면적이 늘어나서 기존의 불합리한 면적계산과는 다른 전용면적 계산법.

10 세율이 적정한 수준일 때 조세수입이 최대가 된다는 것을 알려주는 세수와 세율 간의 관계를 나타낸 곡선.

세로 열쇠

2 경제는 정부의 간섭 없이 자유 경쟁에 의한 시장에 맡겨야 한다고 주장하는 사람들.

3 한 나라의 전체 가구 소득 중 50%에 해당하는 가구의 소득.

4 '자본주의'에 대한 비판을 담고 있으며 '사회주의' 사상의 바이블로 평가되는 칼 마르크스의 대표 저서.

6 기업이 사업계획을 수립하기 위해 매출액, 영업이익, 당기순이익 등 실적에 대한 기업의 예상 전망치로 투자자들에게 기업의 실적 전망을 제공하는 데 도움을 주는 자료.

7 기업이 제조, 판매 등의 기업 활동을 하면서 발생하는 현금 유입과 유출의 현금 흐름을 지칭하는 용어.

8 해외시장에서 유통되는 한국 관련 모든 증권을 지칭하는 용어.

9

	1→	2↓ 시						
3↱ 중				4↓				
				5→ 본		6↓		
						던		
			7↱ 캐		8↓			
					9→ 안			
				10→			선	

답 114P

가로 열쇠

1 자산을 평가할 때 원가와 시가를 비교하여 낮은 가격으로 평가하는 것.

3 출생률이 저하되어 저출산이 지속되는 현상.

5 우리나라 총수출에서 총수입을 뺀 것.

6 기업의 영업과 관련된 비용을 제외한 모든 비용.

7 기업이 주식을 더 발행하여 회사의 자본금을 증가시켜 기업 자금을 조달하는 방법.

10 소득액의 많고 적음에 상관없이 똑같이 나누어 내는 주민세.

11 미국과 중국, 한국, 일본 및 중동 산유국들 간의 경제적 거래에 있어 불균형을 지칭하는 용어.

세로 열쇠

1 태어나는 아기의 수가 줄어드는 현상.

2 사업 규모가 영세한 장부 기록을 하지 않은 사업자들에게 소득세 산출 기준이 되는 정부가 정한 경비율.

3 저당권 및 저당권에 의하여 담보되는 채권을 나타낸 유가증권.

4 현금 결제 내역이 기재된 문서.

8 특정 통화의 가치는 수요와 공급이 균형을 이루는 곳에서 결정된다는 환율 예측 이론 중 하나.

9 알 수 없는 미래를 위해 현재를 희생하지 않고 현재의 즐거움과 행복에 집중하고 소비하는 사람들을 지칭하는 용어.

10

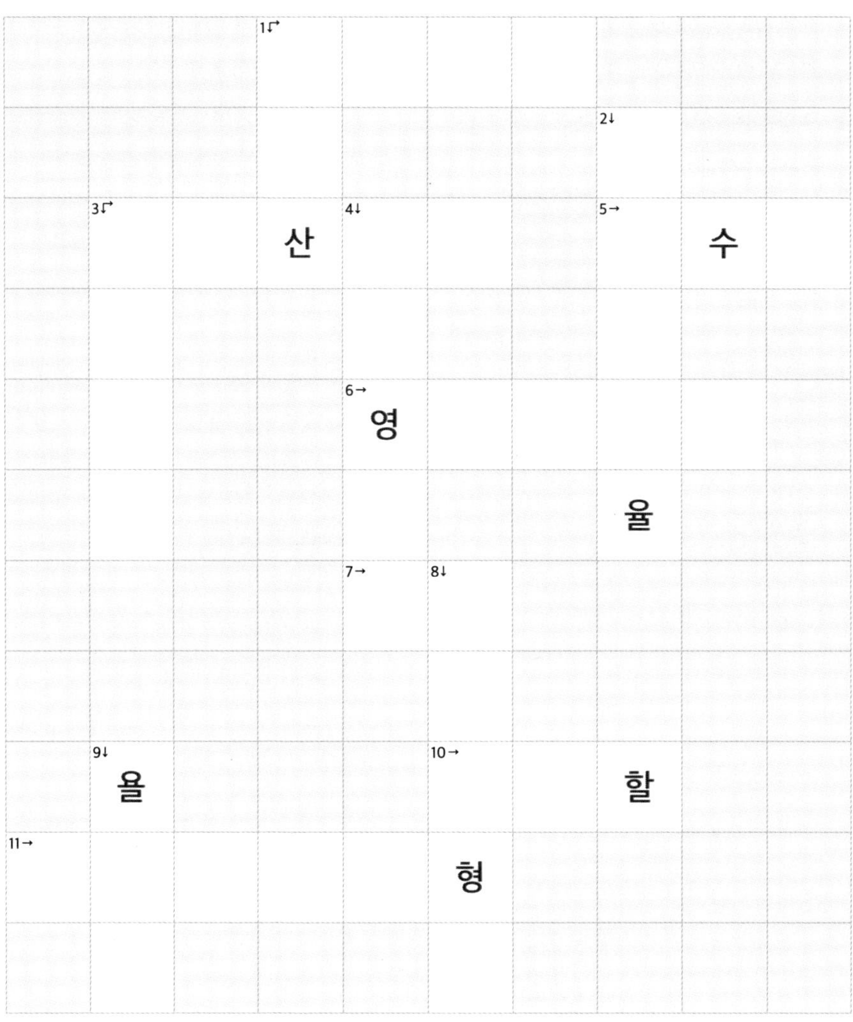

가로 열쇠

3 세금 수입의 감소로 국가 재정이 심각한 위기에 처해 있는 상황.

5 담임은행제로서 1개 은행이 1개 기업의 금융을 전담하는 것.

7 1987년부터 2006년까지 18년간 네 번이나 미국 연방준비제도(Fed) 의장을 역임한 그린스펀이 소폭의 금리조정을 자주 실시하는 형태로 조금씩 금리를 인상한 것을 지칭하는 용어.

10 수출과 수입의 차이.

11 일정기간 동안 어느 한 나라와 다른 나라 사이에 이루어진 모든 경제적 거래를 체계적으로 분류한 것.

세로 열쇠

1 정부가 지출을 줄이고 세금을 많이 거둬들이는 재정정책.

2 1994년 아시아개발국의 금융위기를 예견하여 주목받은 미국의 경제학자. 2008년 '무역이론과 경제지리학을 통합한 공로'로 노벨경제학상을 받았다.

4 자본의 조달 및 운용과 관련되는 재무활동.

5 유년시절의 향수를 불러일으키는 장난감과 과자, 옷 등을 다시 찾아 소비하는 성인들을 뜻하는 신조어로 어린이를 뜻하는 '키드'(Kid)와 어른을 의미하는 '어덜트'(Adult)의 합성어.

6 운수, 여행, 통신서비스, 보험서비스, 특허권 등을 외국과 서비스 거래 결과 벌어들인 돈과 지급한 돈의 차.

8 가격변동이나 재화의 공급량과 상관없이 수요가 일어나는 현상.

9 일정기간 동안 한 국가가 행한 무역수지와 무역외수지를 포함한 거래에서 외화의 수입과 지급을 나타낸 것.

11

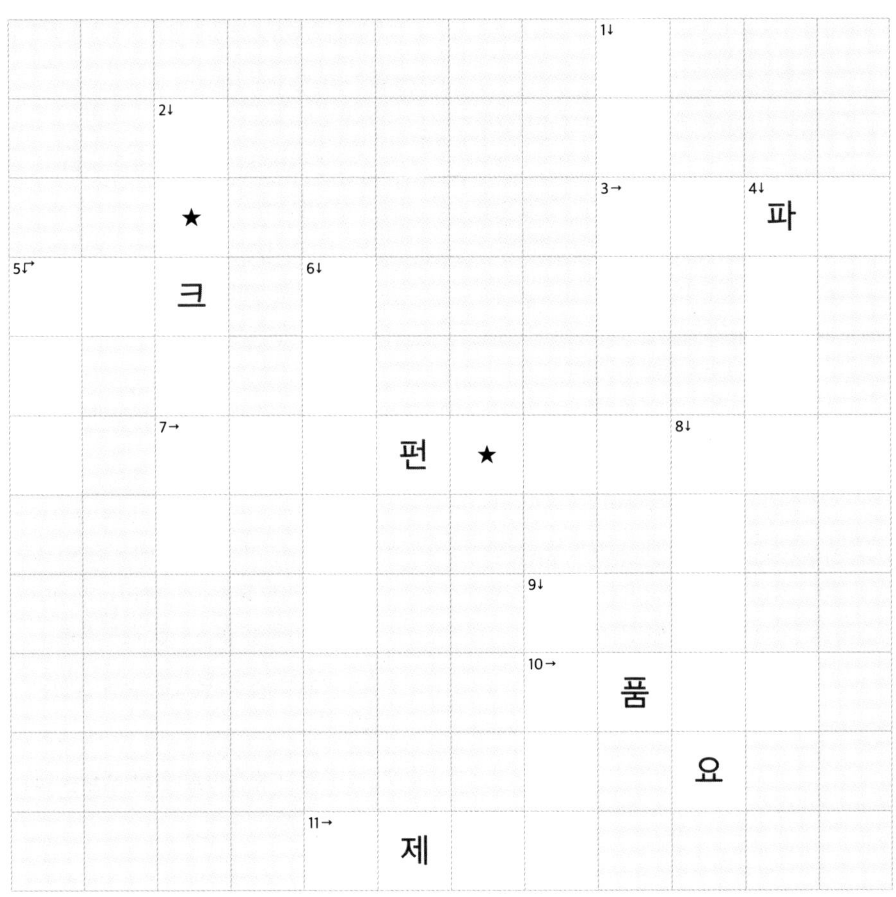

답 114P

가로 열쇠

1 어음 · 수표 또는 만기가 된 공사채 등의 교환결제를 담당하는 상설기관.

5 소비자가 너무 많은 정보와 상품의 다양성 때문에 오히려 합리적인 선택을 할 수 없게 되어 받는 스트레스를 줄여주는 심리적 면역체계를 말한다.

7 대기업과 중소기업이 목표 이익을 달성하면 사전에 계약한 대로 성과에 대한 이득을 서로 분배하는 제도.

9 건전한 신용 질서, 공정한 금융 거래, 금융소비자 보호를 위해 1998년 4월 1일 설립된 대한민국의 의사결정기구.

11 정부가 세금의 증감과 정부 지출, 수입 조절 등을 통해 물가안정과 경기부양 등을 목적으로 행하는 정책.

세로 열쇠

1 기업이 예측을 뛰어넘는 상상 이상의 실적을 달성함으로서 주가가 상승하는 것.

2 1974년 발효된 통관절차 간소화 및 조화를 위한 국제협정.

3 근로자들이 육아, 가사분담. 자기계발 등을 이유로 근무 시간을 자율적으로 정할 수 있도록 만든 제도.

4 총인구 중 65세 이상의 인구가 차지하는 비율이 7% 이상인 사회.

6 영국 경제학자 데이비드 리카도의 이론으로 국가 간의 무역에서 한 국가가 다른 국가에 비해 더 이득을 얻을 수 있는 재화를 특화 생산하여 거래해야 서로 이득을 볼 수 있다는 이론.

8 전쟁 방지와 평화 유지를 위해 설립된 국제기구.

10 정부가 경기 활성화를 위해 세금을 줄여주는 정책.

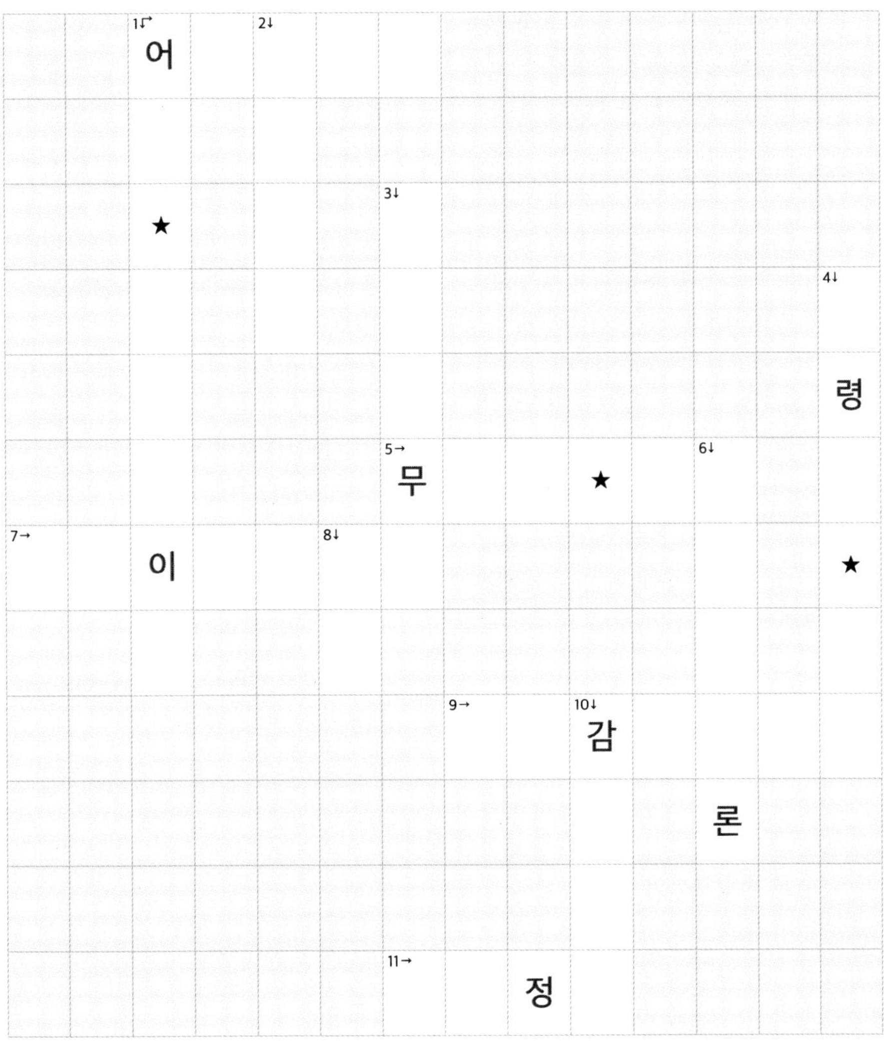

답 114P

가로 열쇠

5 보통 1년 동안 국내에 있는 외국인을 포함한 거주 국민들이 생산해낸 재화와 서비스를 GDP라고 한다. 또는 그 나라 안에서 새롭게 생산된 최종 생산품으로 시장에서 거래된 총액을 말한다.

6 국가 기반이 되는 산업을 농업에 두고 있는 경제사상.

7 미국 · 캐나다 · 멕시코 3국이 관세와 무역장벽을 폐지하고 자유무역권을 형성한 협정.

9 특정 브랜드에 강한 애정을 가지고 구매하고 선호하는 소비자들의 심리.

11 국가 또는 지방자치단체의 예산지출 행위.

세로 열쇠

1 GNP라고도 하며 한 나라에 거주하는 국민이 국내외에서 생산해 낸 생산물 총액.

2 통화 공급이 경제의 상승과 하락의 열쇠가 된다고 믿는 경제학자들.

3 금융기관 간의 상호협조를 목적으로 한 시중은행, 특수은행, 지방은행 등의 연합체.

4 명확한 기준은 없으나 경제협력개발기구가 자체적으로 정한 기준에 의하면 각 나라에서 전체 인구소득의 중간값의 50~150%의 소득계층을 지칭하는 용어.

8 고객을 불러 모으기 위해 원래 가격보다 대폭 할인해 파는 상품.

10 사양산업의 반의어로 앞으로 높은 성장률이 기대되는 산업.

13

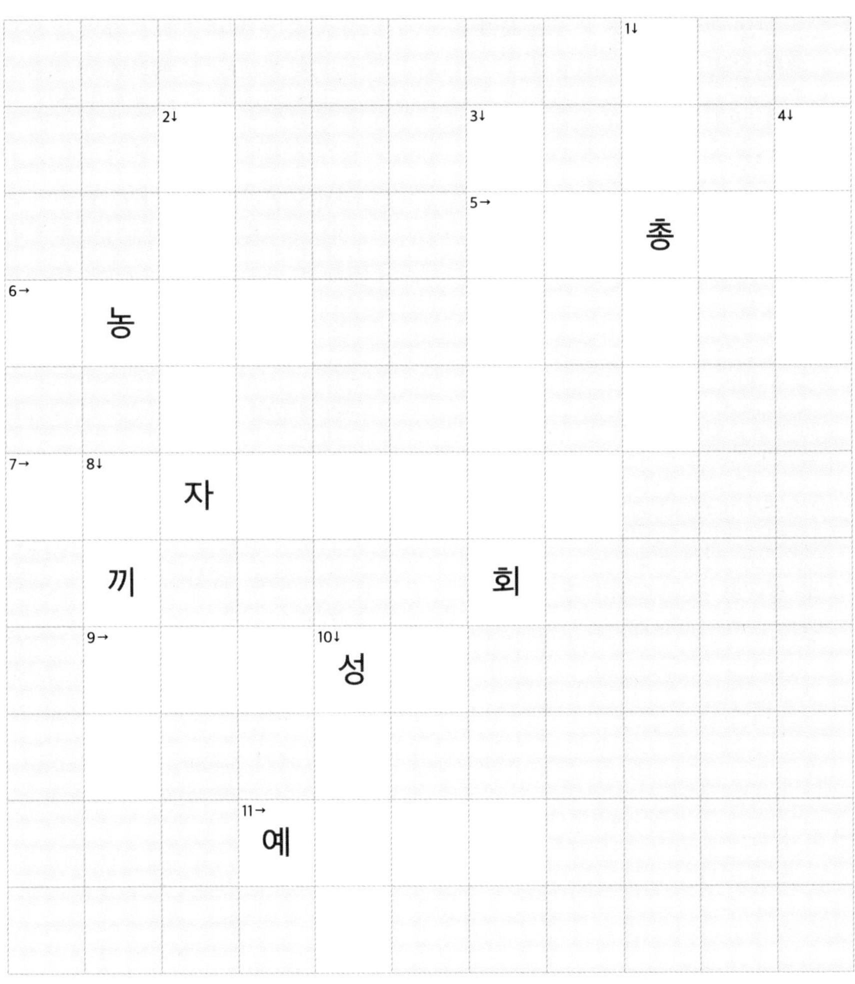

답 115P

가로 열쇠

2 한 나라의 대외자산 및 부채의 잔액을 표시한 일종의 대차대조표.

4 고성장하던 경제상황이 급격히 나빠지는 일 없이 안정기에 접어드는 현상.

5 상품 생산 시 생산자가 의도하지 않고 취한 행위가 다른 사람에게 이득을 주는 행위.

6 정부가 추곡수매제를 2005년 폐지하면서 새로 도입한 제도로, 농지 소유 여부에 관계없이 실제 농사를 짓는 사람에게 주어지는 금액.

7 인간의 실제 행동을 심리학, 사회학, 생리학적 견지에서 바라보고 그로 인한 결과를 규명하려는 경제학의 한 분야.

10 중앙은행이 시중은행에 돈을 풀어 경기를 부양시키는 정책.

세로 열쇠

1 보유하고 있는 종목을 처분하고 유망주를 매입하거나 신용거래에서 기한이 된 종목을 상환하고 바로 그 종목을 다시 매입하는 것을 말한다.

2 1930~50년대 미국에서 강력한 조세정책을 펼쳐 부유층과 저소득층의 소득과 임금 격차가 급격히 줄어든 현상.

3 연장 · 야간근로 등 시간외근로 등에 대한 수당을 급여에 포함시켜 일괄지급하는 임금제도.

5 상품 생산 시 생산자가 의도하지 않고 취한 행위 때문에 다른 사람에게 손해를 주게 되는 경우로, 외부경제와 상반된 개념.

8 정부에서 경기 활성화를 위해 재정과 금융정책을 통해 경기를 띄우는 것.

9 정부가 국가 기업을 민간 기업으로 이전하는 것.

14

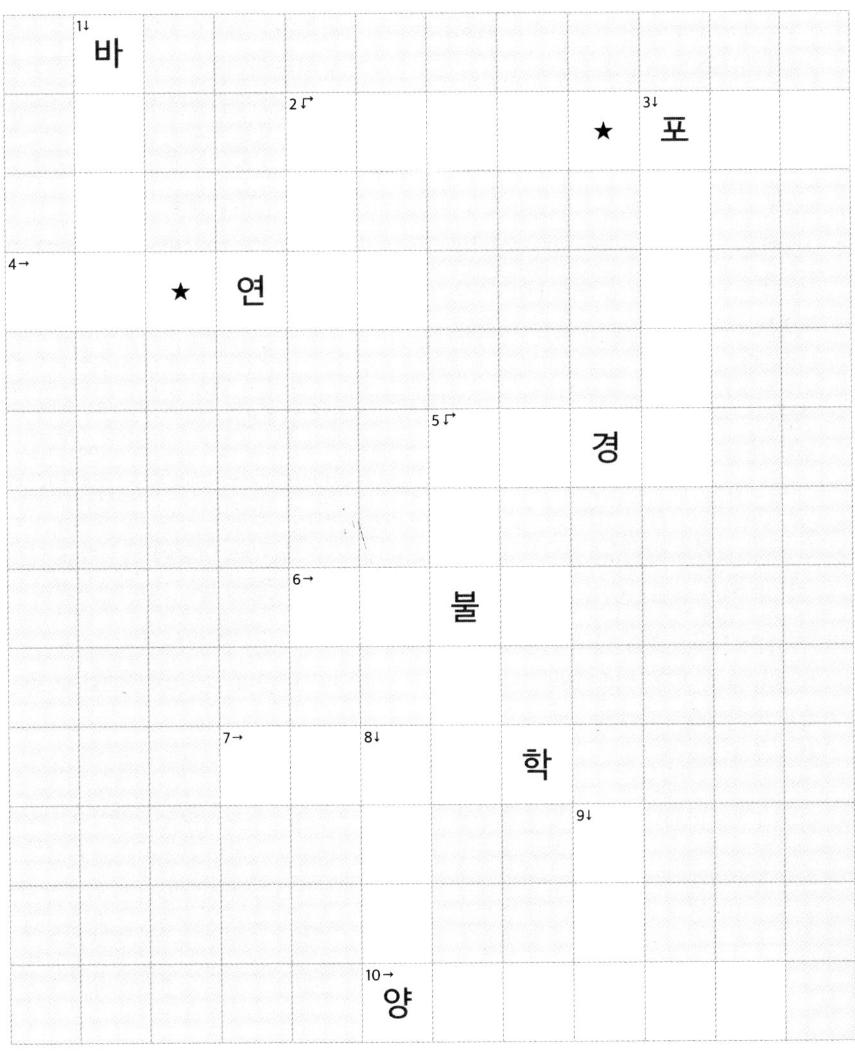

답 115P

가로 열쇠

3 기존 치료제에 내성이 생긴 비소세포 폐암을 치료하는 신약 후보 물질.

4 중국 수출의존도가 높은 국가가 중국의 경제가 나빠지는 경우 얻게 될 위험성.

6 40개월 주기로 나타나는 경기 순환 파동으로, 예상성장률에 못 미치는 현실 매출에 의해 발생하는 소순환 파동을 나타내는 용어.

8 부동산 시장의 악화로 인해 주택구매자의 이목을 끌기 위해서 주택가격을 내리는 것을 지칭하는 용어.

10 호경기, 공황, 불경기의 주기적 경기 순환 운동.

11 인플레이션을 완화시키거나 경제활동을 원활하게 하기 위해 금융기관의 새로운 기업대출이나 보증 등의 신용 제공을 규제하는 것.

세로 열쇠

1 은퇴 날짜에 맞춰 주식과 채권 비중을 조절해 운용하는 펀드로 생애주기별 맞춤 투자가 이루어지는 장점이 있다.

2 차에 탄 상태로 상품을 구입하거나 쇼핑을 할 수 있는 상점.

5 서로 다른 종끼리 결합하여 새로운 종을 만들어내는 유전학적인 기술.

6 무인거래를 손쉽게 할 수 있도록 고안된 단말기의 총칭으로 주식거래에도 사용되고 있다.

7 현실에 만족하지 못하고 이상에만 매달리는 사람들의 병적 심리증상. 현대에서는 다니는 직장에 만족하지 못하고 여러 직장을 옮겨 다니는 사람을 지칭하는 용어로도 쓰인다.

9 경제전망을 항상 긍정적으로만 보는 경제론.

15

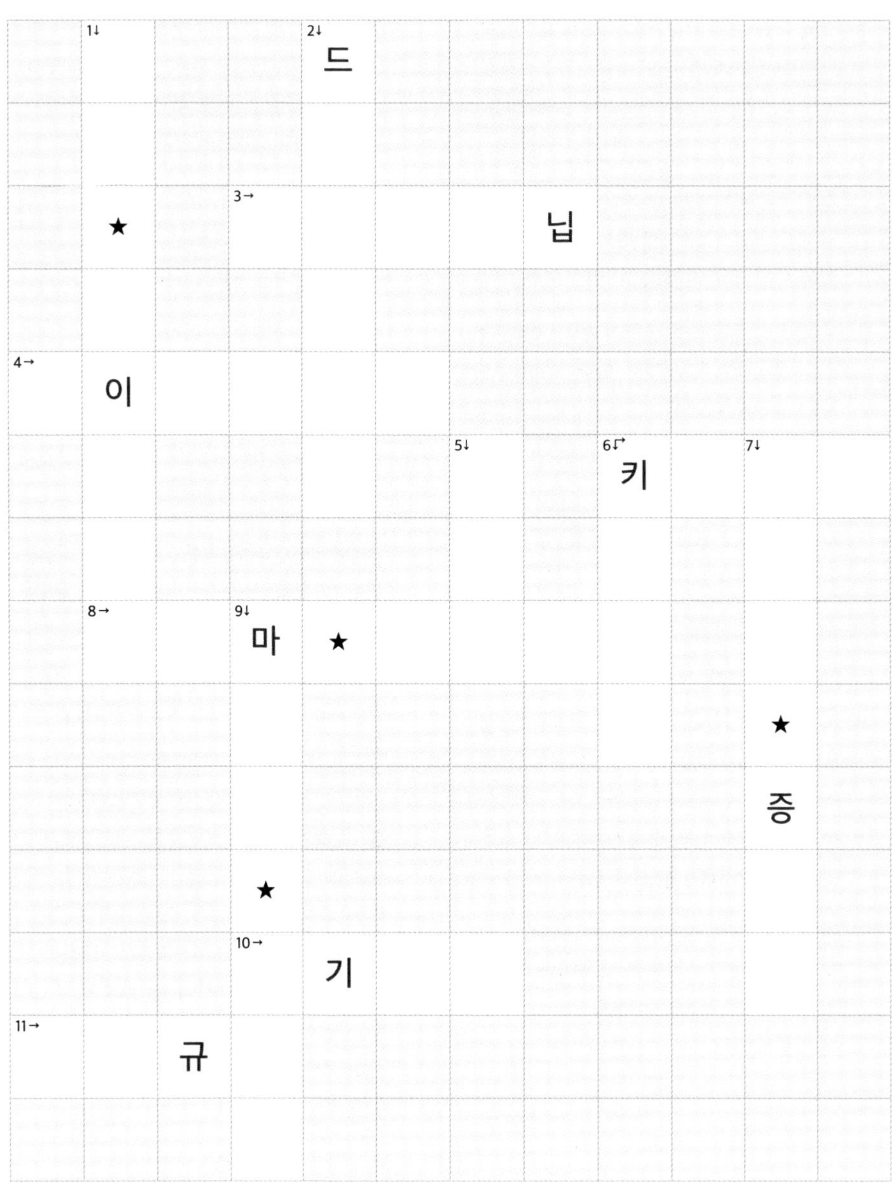

답 115P

가로 열쇠

1 고용주와 고용인 간에 합의해 출, 퇴근 시간에 얽매이지 않고 근로자가 원하는 시간에 일할 수 있는 탄력근무제도.

3 주식으로 바꿀 수 있는 사채인 전환사채의 대상이 되는 주식의 가격이 전환사채를 주식으로 전환할 때 지불되는 전환가격보다 아래로 떨어진 상태.

5 국제 간 거래에 필요한 외환이 바닥나거나 충분히 확보하지 못해 발생하는 국가 경제위기상황.

7 자국에서 처리하기 꺼려하는 고위험성 폐기물이나 핵폐기물 등을 다른 나라에 팔고 또 이 폐기물을 사는 국제 거래.

9 정부의 재정정책 중 하나로 세금을 내려주는 정책을 말한다.

11 납세의무자가 내야 할 세금에서 일정 양을 빼주는 것을 말하는 것으로 소득세인 경우 소득공제를 하고 난 이후 산출된 세금에서 공제하기 때문에 소득공제보다 혜택이 훨씬 더 크다.

12 우리나라에서 중위소득 30~50% 이하의 소득을 가진 최저 생계비에 못 미치는 사람을 지칭하는 용어.

세로 열쇠

1 공급자와 수요자 등 여러 사람들이 참여해 각자 얻고자 하는 가치를 공정한 거래를 통해 교환할 수 있도록 인터넷 상의 환경을 구축하는 사업.

2 지역자치 단체나 지역 사람들이 수익사업에 이득이 되는 시설을 자기 지역에 유치하려는 현상.

3 온실가스 배출량을 단계적으로 감축하는 내용을 골자로 2015년 12월 12일 파리에서 열린 유엔 협정.

4 IC카드, 온라인 결제 등 현금을 대신해 결제할 수 있는 지급수단.

6 2008년 미국 하버드대 로렌스 레식 교수가 처음 사용한 말로 소비의 관점에서 물품을 소유가 아닌 여러 사람이 빌려주고 빌려 쓰는 개념의 협력 소비 경제 방식으로 최근 핫이슈로 떠오르고 있다.

8 한자의 '없을 무'와 영어의 '의미하다'를 뜻하는 mean의 합성어로 남들이 보기에 아무 의미 없어 보이는 멍 때리기, 낙서 등과 같은 소일거리에 작은 만족감과 행복감을 느끼는 사람들을 지칭하는 용어. 치열한 경쟁에 지쳐 아무것도 하지 않고 평온한 상태에 있고 싶어 하는 세태를 반영한 신조어이기도 하다.

10 과세표준의 산출을 위해 기장되는 모든 부기.

16

							1↓→				2↓ 임	
			3↓→		4↓ 전			채				
5→			기									6↓
					7→			★	8↓ 무			
	9→	10↓ 세							11→			제
		12→			활							

답 115P

가로 열쇠

2 17세기 중엽부터 19세기 초반까지 조선 후기 사회에서 나타났던 새로운 사상으로, '실제로 소용되는 참된 학문'이라는 뜻의 경세치용, 이용후생, 실사구시의 학문 태도를 강조했다.

4 2002년 스웨덴의 조선업체 코쿰스가 문을 닫으며 소유하고 있던 당시 세계 최대 골리앗 크레인을 한국의 현대중공업에 매각할 때 스웨덴 국민들의 아쉬움과 스웨덴 조선업의 침체를 비유적으로 표현한 용어.

5 은행과 보험회사가 업무제휴나 협약을 맺어 서로의 상품이나 업무를 함께 판매하도록 하는 마케팅 전략.

8 보험회사가 사람의 생사와 관련된 사고에 대해 일정액을 지급하기로 보험계약자와 약정한 보험.

9 펀드 회계기간 동안 발행하는 펀드의 원본 이외의 이익 분배금 지급.

10 자산 · 부채 · 자본에 변동을 가져오는 재무 상태표의 모든 거래를 뜻한다.

11 주택분양 시 건설업체의 적정한 이윤과 택지비, 건축비를 합하여 분양가를 산정한 후 산정 분양가 이하로 분양하도록 하는 제도.

세로 열쇠

1 소득수준이 높아질수록 제1차 산업인 농업에서 제2차 산업인 제조업, 다시 제3차 산업인 상업으로 그 비중이 커지는 법칙이 있다는 이론.

2 가축, 금, 은 등 사용가치와 교환가치를 가지는 상품이 그대로 화폐의 기능을 수행하는 것을 지칭하는 용어.

3 아파트 분양 현장 주변에 분양권 전매나 투기를 위해 파라솔을 쳐놓고 고객을 유치하는 중개업자들을 부르는 속칭.

4 금융위기 속 기업 경영진들의 징계나 연봉삭감을 뜻하는 말.

6 공사채와 주식의 전환이 자유로운 금융상품.

7 정부의 허가를 받아 보험업을 영위하는 제 2금융권.

8 제품 생산 시 단위당 원가가 감소하는 것을 지칭하는 말.

17

						1↓					
									2↓→		
3↓				4↓→		의	★				
						★					
5→ 방	6↓								폐		
								7↓			
					8↓→			험			
	9→		★	결				10→			래
					★						
		11→			상						

답 116P

가로 열쇠

2 유사한 산업 활동을 하는 사업체들을 체계적으로 분류한 것.

4 특정상품의 가격이 오를 것을 예상해서 미리 사서 보관해 두었다고 가격이 폭등하면 내다 팔아 큰 수익을 얻고자 하는 독점행위.

6 금융기관의 파산으로 인한 예금자보호와 금융제도의 안정성 유지를 위해 예금자 보호법에 의거하여 1996년 설립된 준 정부기관.

8 작은 몸통과 긴 아랫그림자를 이루며 윗그림자가 전혀 없거나 거의 없는 형태의 주가 하락국면의 저점에서 주로 나타나는 패턴을 지칭하는 주식 용어.

9 일정 기간 동안 자신이 개발한 물건이나 기술을 다른 사람들이 사용할 수 없도록 인정받는 권리로, 개발자가 독점적으로 제작·사용 · 판매할 수 있는 권리.

10 취업경쟁에 지쳐 더 이상 취업을 위해 노력하지 않는 사람을 지칭하는 용어.

세로 열쇠

1 옵션거래에서 특정자산을 만기일이나 만기일 이전에 미리 정한 가격으로 사고 팔수 있는 권리인 콜옵션과 풋옵션을 동시에 매도하는 상품.

3 산업재해 근로자와 그 가족을 보호하기 위해 1964년 도입된 우리나라 최초의 사회보험 제도.

5 총매출액 중 매출 원가가 차지하는 비율.

7 보험료를 내기 힘들거나 조기 수령을 원하는 보험 가입자들의 보험증서를 매입하여 연금이나 헤지 펀드에 되파는 투자 상품.

9 특정 용도 이외에는 쓰지 않고 별도 관리하는 자산.

11 피규제기관의 로비로 규제기관이 오히려 피규제기관을 보호하고 협력함으로서 개인의 이익이 무시되어 정부의 규제정책이 결국 공공의 이익에 도움이 되지 않는 현상으로 1982년에 노벨경제학상을 수상한 조지 스티글러가 제시한 이론.

18

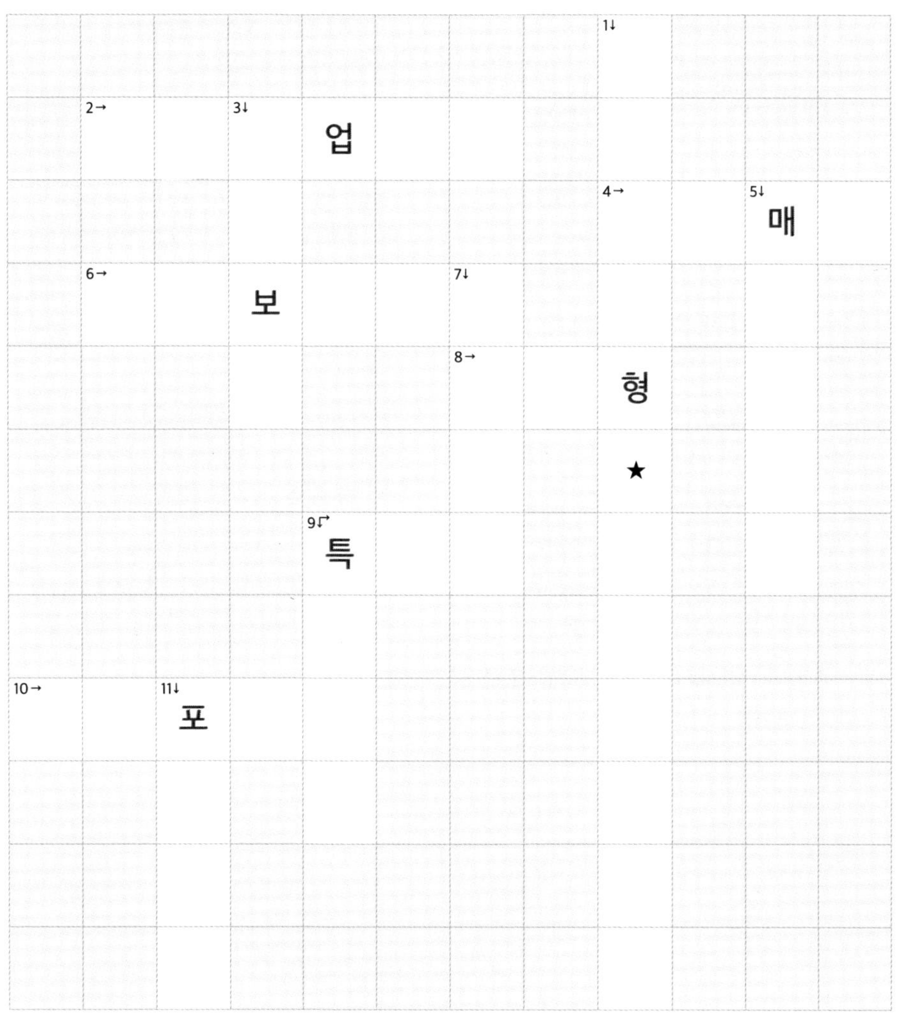

답 116P

가로 열쇠

2 시간과 비용을 들여 먼 곳으로 가는 대신 집 근처나 차로 가볍게 갈 수 있는 거리에서 휴가를 즐기는 현상.

4 스타벅스의 인기 커피인 카페라테 가격을 기준으로 실제 환율과 적정 환율과의 관계를 알아보는 구매력 평가환율 지수.

6 소득 분배의 형평성을 추구하는 경제 정책.

8 가격대비 성능이 뛰어난 제품을 지칭하는 '가성비'에 심리적 만족까지 줄 수 있는 제품을 지칭하는 신조어.

9 자국의 통화가치가 불안정하여 보다 안정성 있는 외국으로 자금을 이전하여 빼돌리는 것을 지칭하는 용어.

11 가격대비 성능이 우수한 제품을 뜻하는 신조어.

세로 열쇠

1 1975년부터 일본경제신문사가 발표하는 가격가중평균 주가지수.

3 값싸고 질 좋은 상품을 구매하는 합리적인 소비가 아닌 다소 비싸고 품질이 떨어져도 소비자의 심리적 만족을 주는 물품을 구매하는 사람들의 심리를 지칭하는 용어.

5 중국인 관광객의 '싹슬이 쇼핑'을 뜻하는 일본 신조어.

7 투자할 때 리스크를 줄이기 위해서 한 곳에 집중 투자하지 않고 주식, 부동산, 채권 등 다양한 곳에 나누어 투자하는 방식.

10 기업의 현존하는 자산가치와 미래 가능성을 현재화한 수익가치를 합한 것.

19

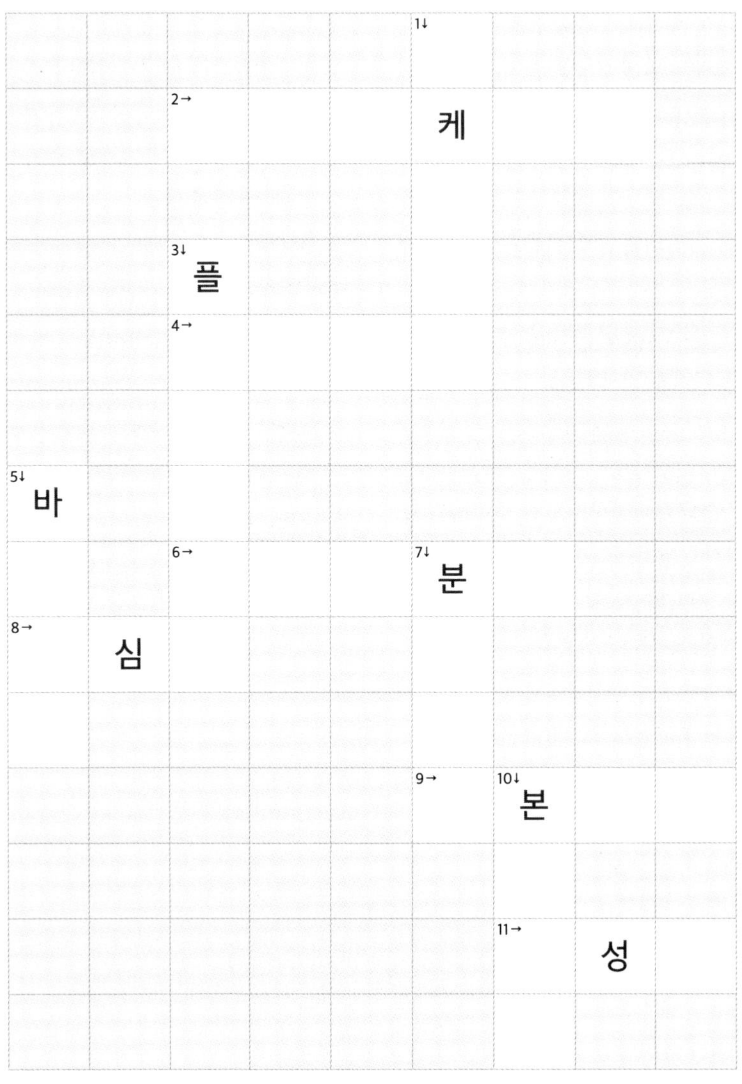

답 116P

가로 열쇠

1 초고층 랜드마크 건물을 지은 후 국가의 불황을 맞게 된다는 가설.

3 독일 최대의 전기 · 전자기기 제조회사로 4차 산업혁명의 시초인 제조업 혁명의 시발점이 된 공장.

4 국가가 국민들에게 거둬들인 세금의 증가분.

5 생산가능 연령층 인구에 대한 비생산가능 연령층 인구의 비.

6 국가가 국민에게 강제로 부과하는 공적부담금으로, 연체료 · 벌금 · 과료 · 할당기부금 · 수도료 · 시청료 등이 있다.

8 신용 평가회사에서 개인대출 시 참고하기 위해 개인의 신용을 10개로 나눈 기준.

10 필요한 양 이상으로 생산된 물건.

세로 열쇠

1 Meeting · Incentives · Convention, Exhibition의 머리글자를 딴 용어로 전시 · 박람회 산업을 지칭하는 말.

2 특정회사의 주식 가격을 주당 순이익으로 나눈 값.

3 채무자의 계약의무 이행이 이루어지지 않았을 때 채권자에게 지불하는 금액.

5 금융기관이 돈을 빌려주고 받지 못하는 부실채권.

6 중앙은행에서 시중에 돈을 많이 풀어 통화량이 급증하는 상태.

7 취학 전 아동을 대상으로 하는 산업.

9 건물의 쓰임새를 다른 것으로 바꾸는 것.

20

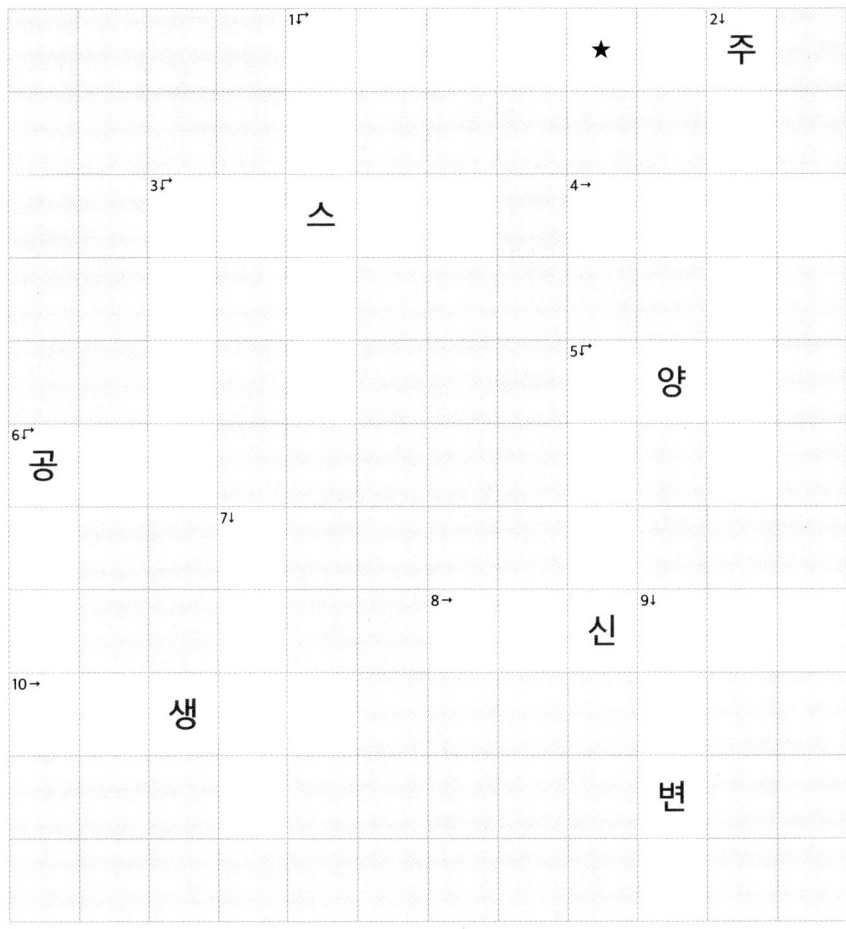

답 116P

가로 열쇠

2 승객과 택시를 연결해주는 모바일 플랫폼 서비스.

4 만 15세 이상의 실업자와 취업자를 합한 인구.

6 한 국가의 거주자가 그 나라에 살지 않는 비거주자에게 미래 어느 시점에 갚아야 할 확정 채무 원금이나 이자를 지칭하는 용어.

7 전기를 동력으로 움직이는 미래의 차.

8 한 국가의 GNP를 총 인구수로 나눈 것.

11 우리나라 4대 보험 중 하나로 근로자가 실직하면 생활안정과 재취업에 도움을 주는 다양한 교육과 서비스를 목적으로 만들어진 사회보험.

세로 열쇠

1 개별 경제주체의 행동원리와 가격결정요인 및 개별 시장을 분석의 대상으로 하는 경제학.

2 미국이 '88년 미국통상법 슈퍼 301조'에 의거하여 가장 우선적으로 불공정무역관행을 없애기 위해 협상을 추진하도록 지정한 국가를 뜻하는 용어.

3 65세 이상 치매, 중풍 질환 노인 또는 65세 미만의 노인성 질환의 사람들을 직접 방문하거나 요양시설로 모셔 돌보는 사회보장제도.

5 한번 쓰고 버리는 일회용 휴지처럼 필요에 의해서 일회성으로 맺는 인간관계를 지칭하는 신조어.

9 작지만 확실하게 느낄 수 있는 행복 또는 그러한 행복을 추구하는 삶의 태도를 말하는 신조어.

10 신용장 발행은행과 환거래 계약을 맺은 은행이 서류매입을 취급할 때 이 신용장을 지칭하는 용어.

21

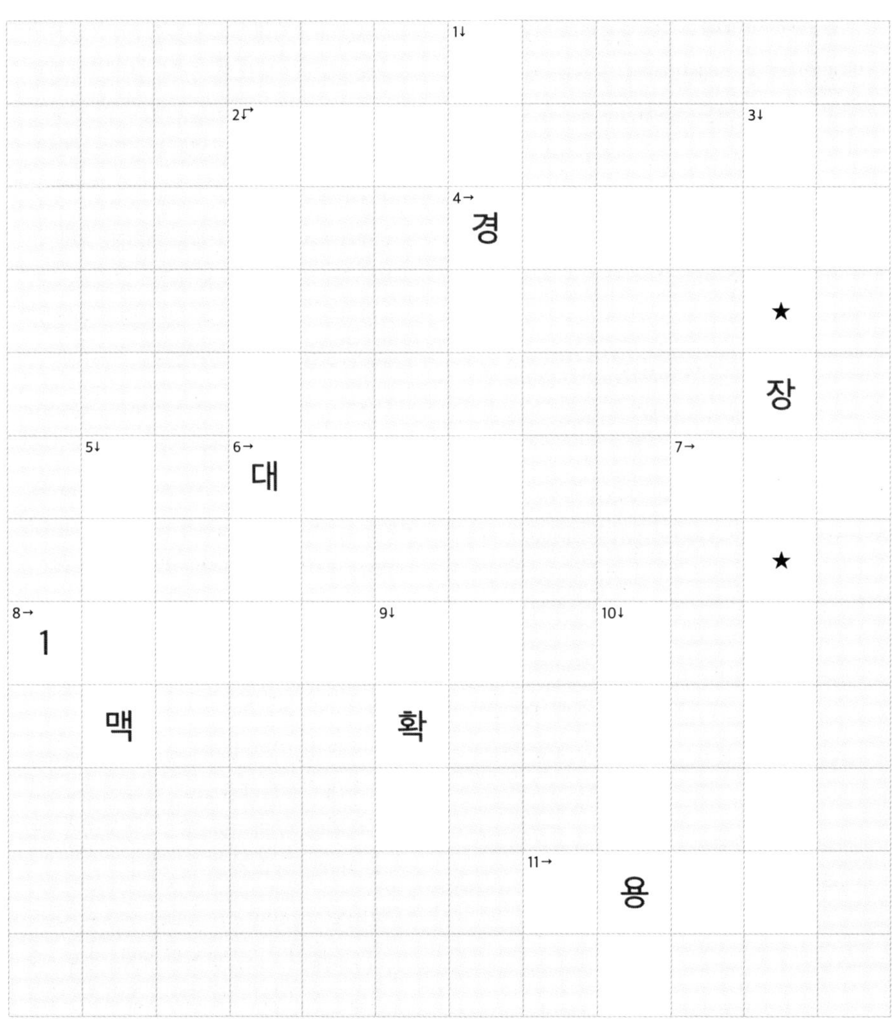

답 117P

가로 열쇠

1 은행이 거래하는 수입업자의 요청에 의해 상대 수출업자에게 수입업자의 신용을 보증하는 증서.

3 주식회사의 주주들이 모여 계산 서류의 승인, 이익배당에 관한 결의, 영업의 양도, 이사의 해임 등 회사의 경영에 중요한 안건들을 회의하는 최고 의사결정회의.

6 물, 공기, 바람처럼 비용이 안 들고 무한히 많으며 희소가치가 없는 재화를 일컫는 용어.

7 4차 산업혁명의 대표적인 시스템으로 모든 공장의 제조 공정이 정보통신 기술과 연결되어 스스로 움직이는 자동화 공장.

10 다른 사람들에게 부유한 것처럼 보이고 사회적 지위를 뽐내기 위해 자신의 능력을 넘어서는 값비싼 물건을 사는 것이 옳다고 믿는 소비 형태.

11 소득세, 법인세. 상속세 등의 조세부담자와 납세의무자가 동일한 세금.

세로 열쇠

1 과도한 채무를 진 사람들에게 상환기간 연장, 분할상환, 변제 유예, 이자율 조정, 채무조정 등의 방법으로 채무자가 경제적으로 자립할 수 있는 상태가 되는 것

2 광주광역시가 제안한 일자리 사업으로, 적정임금과 적정 노동시간, 노사책임경영, 원하청 관계 개선 등을 핵심과제로 하는 사업을 말한다.

4 아무 일 없이 평온을 유지하던 상황이 갑자기 큰 변화를 겪게 되고 엄청난 속도로 퍼져나가는 순간을 의미하는 말로 경제적으로는 인기 없던 상품이 어느 순간 급속도로 인기를 끌며 팔려나가는 것을 말하기도 한다.

5 미국 뉴욕 맨해튼 섬 남쪽 끝에 있는 금융 밀집 구역.

8 개인과 법인의 유휴 토지나 비업무용 토지의 가격 상승으로 발생하는 초과 이득의 일부를 세금으로 환수하는 토지 공개념 3대 제도 중 하나.

9 안정된 직장에 다니면서 '무사안일주의'에 빠져 자기 발전과 열정 없이 해고당하지 않을 정도로만 일하며 사는 사람들을 지칭하는 신조어.

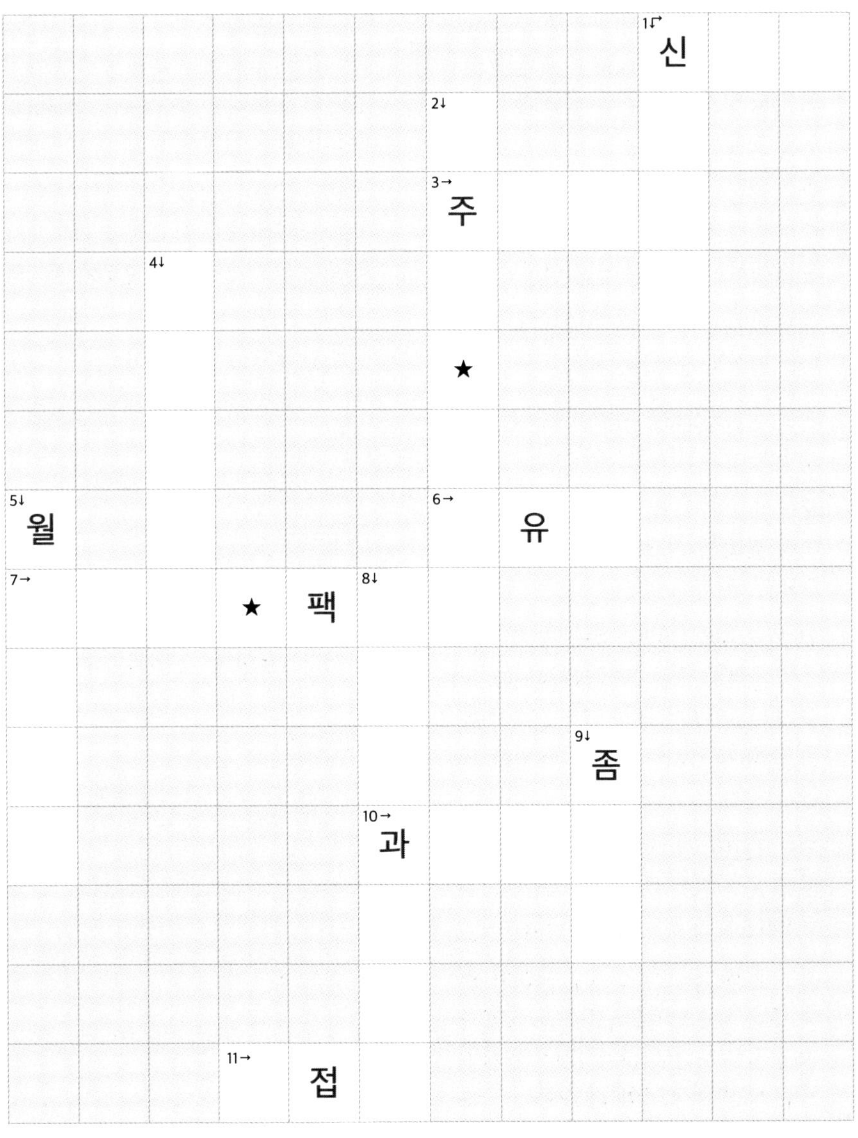
1 신
2
3 주
4
★
5 월
6 유
7 ★ 팩
8
9 좀
10 과
11 접

가로 열쇠

1 태양, 지열, 해양, 바이오 에너지 등의 화석 연료를 재활용하거나 재생 가능한 에너지를 변환시켜 이용하는 에너지와 연료전지, 수소에너지 등 새로운 에너지를 합쳐 부르는 용어.

3 다수의 소액 투자자의 자금을 모아 하위 운용사들에 맡기는 재간접펀드.

4 경제적으로 여러 악재가 동시에 일어나는 상황을 지칭하는 용어.

6 근무시간과 장소를 탄력적으로 선택할 수 있는 근로자를 지칭하는 용어.

8 주식시장에서 특정 기간 주식이 얼마나 활발히 거래됐는지를 나타내는 지표.

9 1992년 9월 16일 수요일, 조지 소로스의 퀀텀 펀드 및 다른 헤지펀드가 영국 파운드화를 투매해 영국 정부가 유럽 환율 메커니즘(ERM)을 탈퇴한 사건.

11 고용보험에 가입한 근로자가 해고를 당해 실직하면, 근로자의 생활안정과 구직활동을 위해 지급하는 급여.

12 정부가 청년층의 취업률을 높이기 위해, 청년 미취업자를 인턴으로 고용하는 공기업 또는 민간기업에게 임금의 일부나 전액을 보조해주는 제도.

세로 열쇠

1 과도한 빚으로 인한 채무자들의 경제적 회생과 금융상담 및 교육 등을 통해 채무의 고통에서 벗어날 수 있도록 돕는 비영리 사단법인.

2 자연에 대한 이해와 존중을 통해 자연환경 피해를 최소화하는 방향으로 여행을 즐기고자 하는 새로운 관광의 형태.

5 전기차만 전문적으로 만드는 미국의 전기 자동차 회사로, 2003년 설립되었다.

7 공장설비와 기계, 가동에 이르기까지 하나의 공장 전체를 수출하는 형태.

10 불공정거래로 인해 많은 소비자가 손해를 보았을 때 공정거래 위원회에서 소비자보호원 및 소비자단체와 연계하여 일괄적으로 피해를 구제해주는 제도.

23

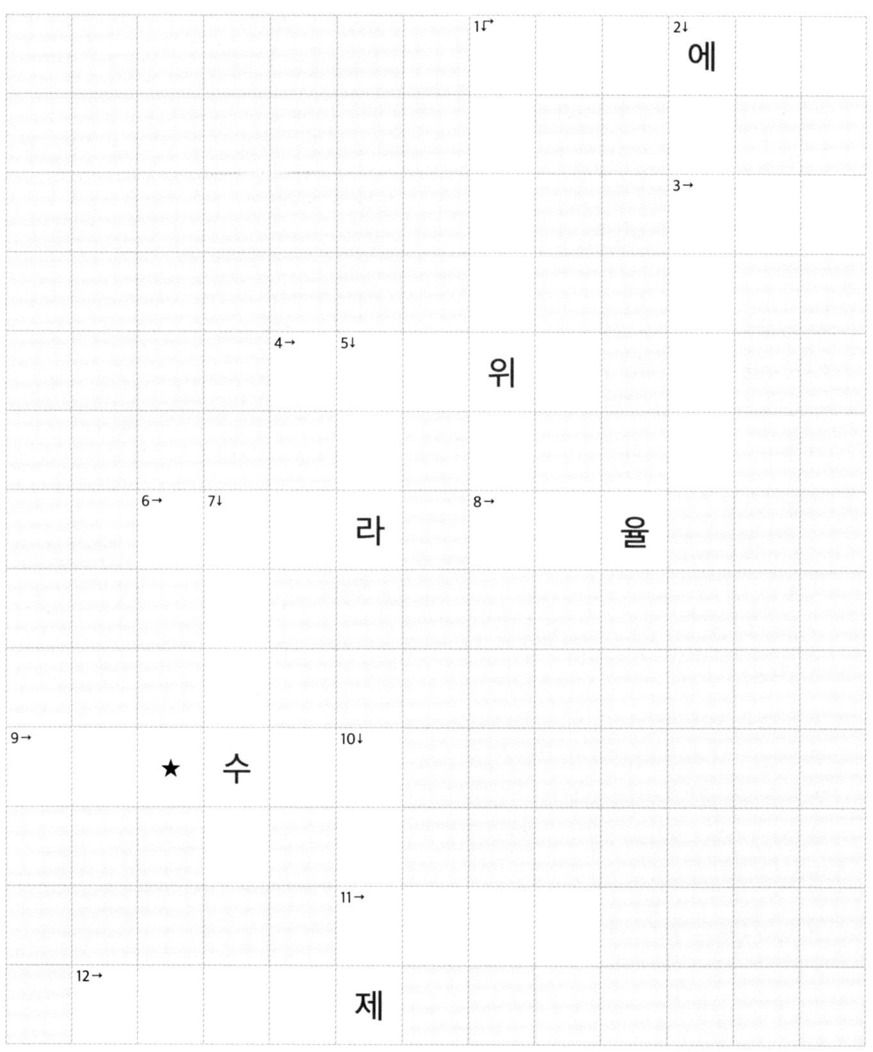

가로 열쇠

2 해킹이 불가능한 공개 거래장부 저장 시스템을 일컫는 기술.

4 금융위기의 원인 진단과 예방을 위한 금융 감독 업무의 개선방안을 제시한 2009년 영국 금융 감독청의 로드 터너 의장이 발표한 금융시스템 개혁 방안.

5 제조 공장에서 너무 많이 생산해 남게 되는 생산품이나 재고 상품을 판매하는 공장의 직영점. 팩토리 아웃렛으로 통칭된다.

7 부실위험이 보이는 은행에 불안을 느낀 고객들이 한꺼번에 몰려 대규모 예금인출 상황이 벌어지는 상태.

9 새롭게 떠오르고 있는 숙면과 수면관련 산업.

10 은행 대출 시 대출자가 정한 일정 기간 동안에는 이자만 지급한 뒤 이자지급 기간이 끝나면 원금을 분할하여 원금에 해당하는 이자와 함께 상환하는 방식.

11 명목소득에서 물가 변동분을 제외한 소득.

세로 열쇠

1 불황이었던 경제 상황이 호전세를 보이다가 다시 불황으로 빠지는 이중침체현상.

3 인터넷을 통해 은행 업무를 처리하는 금융시스템.

5 어마어마한 돈을 풀어 일본 경기를 부양시키겠다는 일본 총리 아베신조의 경기 부양책.

6 원금과 이자가 포함된 고정된 금액의 원리금을 갚아가는 상환방식 중 하나로 초반은 이자 비중이 높고 후반에는 원금 비중이 높아진다.

8 영국 런던에 있는 세계 비철금속을 거래하는 중심 시장.

24

1↓												
2→ 블			3↓									
			4→ 터							5↱		렛
								6↓				
			7→		8↓ 런		9→		포			
					10→			상				
			11→	질								

가로 열쇠

1 환경보호에 관심이 많아 환경훼손을 적게 하고 건강을 해치지 않는 제품을 선호하는 소비자 집단을 지칭하는 용어.

3 대륙을 넘어 시간대가 완전히 반대인 나라의 주식매매를 위해 밤에 주식투자를 하는 사람들을 지칭하는 용어.

7 경제적으로 어려운 벤처기업에 투자를 미끼로 접근해서 경영권을 장악하거나 기술, 정보, 물품 등을 빼앗는 개인투자자나 기업.

8 카리스마 넘치는 남성적인 리더십과 유연하고 친화력이 높은 여성적 리더십을 두루 갖춘 사람을 가리키는 용어.

9 뛰어난 두뇌와 정보력을 바탕으로 정보화시대를 이끌어가는 능력 위주의 전문직 종사자.

10 주식시장의 주가 급등 또는 급락 시 주식매매를 일시 정지하는 제도.

세로 열쇠

1 도시의 과도한 성장을 막고 녹지형성을 위해 만들어진 개발제한 구역.

2 '기자'와 '쓰레기'를 합친 합성어로 기자로서 전문성이 떨어지며 정권에 편승하여 편파적인 보도와 저널리즘의 수준을 떨어뜨리는 기자를 비하하여 부르는 말.

3 타인과 어울리기보다 자기만의 즐거움과 행복을 위해 여가를 즐기는 사람들.

4 3, 6, 9, 12월 두 번째 목요일로 선물과 옵션의 만기가 동시에 도래하는 날을 지칭하는 용어.

5 참신한 아이디어를 가지고 있지만 자본 부족으로 힘든 벤처기업에게 자금을 지원하여 성공할 경우 투자자금을 회수하는 고위험 고수익 자본.

6 청색 작업복을 입고 생산현장에서 일하는 노동자.

8 1710년 영국에서 제정된 세계최초의 저작권법.

25

				1↓→		소							
						2↓							
		3↓→		트				4↓			5↓		6↓
								7→			젤		
8↓→		로						★					
										9→			라
법								데					
				10→	킷								

답 118P

가로 열쇠

4 농업혁명과 산업혁명으로 대표되는 제 1, 2의 물결을 지나 과학 기술 발달로 인한 새로운 변혁을 예견한 미국의 미래학자 앨빈 토플러의 저서.

5 15세 이상 인구 중 직장이 없으며 4주간 적극적으로 구직활동을 하고 조사 대상기간에도 일이 주어지면 즉시 취업이 가능한 사람.

7 은행, 금고, 조합 등의 자금 융통과 공급을 하는 영리사업.

8 기업이나 개인이 아무런 대가 없이 한 행동이 의도하지는 않았으나 다른 기업이나 개인들에게 금전적 손해를 끼치게 되는 효과.

10 기업의 구조를 효율적으로 변화시키기 위한 구조개혁작업.

11 자신이 보유한 주식의 장부 가격을 올리기 위해 주식을 팔았다가 다시 사는 거래.

세로 열쇠

1 공무원이 스스로의 노력으로 예산을 절약하거나 국고수입을 증대시킨 경우 그 성과의 일부를 인센티브로 지급하는 1998년 도입된 제도.

2 만15세 이상의 인구 중 경제 활동인구인 실업자와 취업자를 제외한 사람. 일할 능력이 없거나 의사가 없는 사람을 가리키는 말이기도 하다.

3 정부가 아무 기능을 못하고 무능력한 상태.

5 경제활동인구 중에서 실업자가 차지하는 비율.

6 경제 상황과 상관없이 자연스럽게 이직준비, 휴식, 취업준비 등과 같이 이루어지는 실업률을 지칭하는 용어.

9 수출은 늘지 않았으나 경제상황이 좋지 않아 수입이 더 많이 감소함으로써 수치상으로 무역수지가 흑자로 나타나는 현상.

26

							1↓				
2↓											
				3↓							
4→	3		★						5↱		6↓ 자
				정			7→		업		
			8→		9↓		제				
10→ 구											
					★						
					11→ 자						

가로 열쇠

2 충성스러운 고객인 듯 보이나 훨씬 더 경쟁력이 있는 타사 제품이 나타나면 타사 제품을 살 가능성이 있는 고객을 지칭하는 용어.

5 통계를 낼 때 관찰집단 전체에 해당하는 모집단을 전부 조사하는 일.

6 일본의 만화영화사인 지브리가 새로운 애니메이션을 방영한 뒤에는 일본의 경제상황이 안 좋아지는 현상이 발생한다는 일본 금융계의 괴담.

9 고객의 위촉에 의해 회계에 관한 감사 · 감정 · 증명 · 계산 · 정리 등의 회계업무와 세무 대리를 하는 국가공인 자격증을 취득한 사람.

11 컴퓨터와 같은 정보 기기를 운영, 관리하는 소프트웨어 기술과 정보를 수집, 생산, 활용하는 통신기술 등을 합한 합성어.

12 신용카드를 이용한 불법 대출을 지칭하는 속어.

세로 열쇠

1 65세 이상 고령인구가 총인구의 20% 이상인 사회.

3 아빠의 육아휴직을 촉진하기 위해 만든 제도로 부인의 육아휴직이 끝난 후 이어받아 육아 휴직을 한 아빠에게 임금의 100%를 3개월간 지급하는 제도.

4 시세차익을 노리고 주가조작의 대상이 되는 주식.

7 브라질 · 러시아 · 인도 · 중국을 말하는 브릭스 4개국의 주식이나 채권에 투자하는 펀드.

8 보장성보험에 비해 보험료는 많지만 만기에 이자를 계산해서 받는 보험.

10 국민들이 실업, 빈곤, 재해, 노령, 질병 등으로 인해 어려움에 처해있을 때 다양한 사회보장제도와 공공근로사업, 취업훈련 등을 통하여 국민을 보호하고 어려움을 극복하기 위한 정부의 제도적 장치.

27

									1↓ 초		
							2→				
			3↓			4↓					
						5→ 전					
6→	7↓		의	★	8↓				9→		10↓
			★								회
				11→ 정							
12→		깡			험						

답 118P

가로 열쇠

1 물가에 따라 등락하는 화폐의 구매력을 의미하는 용어.

3 미국의 사회학자 데이비드 리스먼이 1950년에 출간한 저서에 등장하는 용어로, 자신이 속한 무리에서 소외받지 않기 위해서 집단에 자신을 맞추며 잘 어울리는 듯하나 마음속에서는 항상 고독감을 가지고 살아가는 현대인들의 심리상태를 나타낸 용어.

6 국회에서 발생하는 폭력사태와 국회의장의 직권상정, 날치기 법안 처리 등을 개선하기 위해 2012년 5월 2일, 18대 국회 마지막 본회의에서 통과된 법.

7 인구 상태를 파악하기 전 국민을 대상으로 5년이나 10년마다 한 번씩 실시하는 조사.

9 신용 카드, 계좌 이체, 핸드폰 이용 결제 등 인터넷 상의 금융 기관과 하는 거래를 대행해 주는 서비스를 제공하는 사업자.

11 세금에 대한 지식이 부족하거나 실수로 세금을 잘못 납세하였을 때 혹은 세무조사를 통해 불법적으로 세금을 내지 않는 것이 밝혀졌을 때 어마어마하게 부과되는 징벌적 세금.

세로 열쇠

2 외국인이 거주하는 국가의 법률에 적용받지 않을 권리.

4 기업 재무제표를 감사한 회계사가 기업회계기준에 위반되는 것을 발견했을 때 내는 의견.

5 중국이 시행하는 품질 안전 관련 강제성 제품 인증 제도.

8 태어나면서부터 디지털기기에 자연스럽게 노출되면서 자유자재로 사용하는 세대.

10 불법적인 방법으로 취득한 자금을 합법적인 자금으로 만들거나 자금추적을 할 수 없도록 은닉하는 행위.

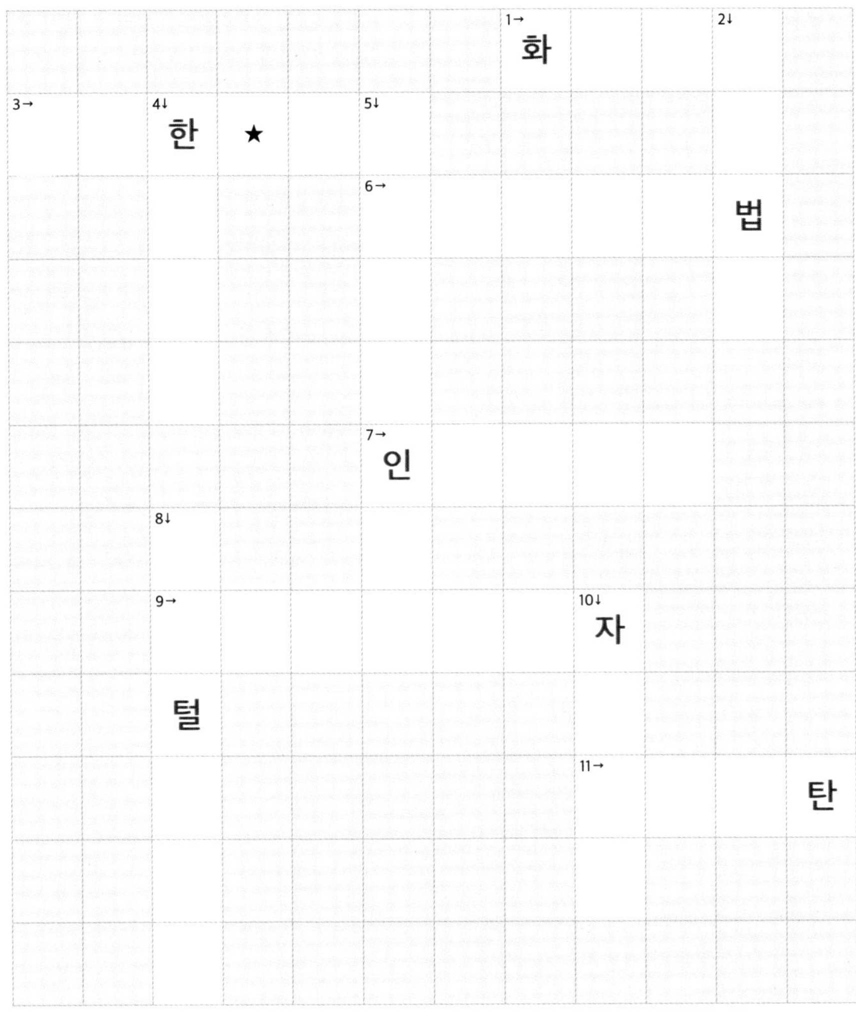

답 118P

가로 열쇠

1 부동산과 같은 자산을 양도함으로써 얻은 이익. 이 이익에 대해 발생하는 세금이 양도소득세이다.

3 용적률이나 환경적으로 개발이 어려운 인접 두 지역을 묶어 함께 개발하는 방식.

6 은행이 환거래은행과 고객에 대해 미리 설정해 둔 모든 포괄적인 빚의 최고 한도.

8 은행이 고객들의 돈을 모아 대출, 주식, 채권 등에 투자해 수익을 올려 원금과 이자를 돌려주는 상품.

9 공급자는 많지만 수요자는 오로지 하나뿐인 가격이론에서 볼 수 있는 시장 형태.

11 미국의 베이비붐 세대의 자녀에 해당하는 1980-1994년에 태어난 세대를 지칭하는 용어로 베이비붐 세대보다 인구수가 많기 때문에 새로운 구매력을 지닌 소비자 그룹으로 경제성장을 이끌 것으로 기대하고 있다.

12 규제로 인해 수출이 안 될 때 수출이 가능하도록 정부나 위임기관에서 발행하는 증명서.

세로 열쇠

1 MOU라고 하며 정식 계약을 맺기 전 서로 합의한 내용을 기록한 문서.

2 구매대금과 판매대금 차액만을 결제하는 선물거래의 결제방법.

4 신탁회사에게 토지를 맡겨 개발 후 임대하거나 분양하는 방식.

5 1994년 12월 주요 도매지급결제를 위해 구축한 한국은행의 금융전산망시스템.

7 1976년 설립되었으며 수출지원, 해외투자, 수입 금융 등의 사업과 장기저리의 정책금을 공여하는 금융기관.

10 제2차 세계대전 이후, 태어나서 죽을 때까지 복지에 대해 책임지는 국가가 되겠다는 영국의 복지정책을 연구한 경제학자 베버리지가 그의 보고서에서 주장한 복지 슬로건.

29

1↱ 양		2↓										
		3→	합	4↓								
	5↓			6→ 신		7↓						
	8→ 은							9→	10↓		점	
						★						
						수			11→		부	
					12→				서			
									★			

답 119P

가로 열쇠

4 제품 원가에 관한 자료와 정보를 기업의 관계자에게 보고하는 원가보고서.

5 펀드매니저가 펀드가입자의 은퇴시기에 맞추어 주식과 채권을 조정하여 투자하는 펀드.

6 담당공무원의 사망이나 사고로 인해 계산서 작성이 힘들 경우 다른 공무원이 대신 작성한 뒤 감사원에 제출하여 증명하는 것.

8 거래액과는 상관없이 상품의 가격이 올라감으로써 기업의 수익이 올라가거나 경기가 좋아지는 상태.

10 의료에 든 비용이나 질병으로 인해 생활이 어려워질 때 보상하는 보험들을 통틀어 이르는 말.

12 피보험자가 재산상의 손해, 파손, 사고 등의 피해를 입었을 때 사고의 경중을 따져 그에 상응하는 보험료를 지급하도록 보험자가 약정하는 보험 상품.

세로 열쇠

1 인터넷 주소나 사진 및 동영상 정보, 지도 정보, 명함 정보 등을 담은 사각형 모양의 정보 저장코드로 기존의 바코드에 비해 많은 양의 정보를 담고 있다.

2 만기별로 채권을 균등하게 보유하는 전략으로 공격적인 채권운용에 비해 수익률은 낮으나 안정적이다.

3 석유산업의 4가지 활동영역 중에서 원유탐사와 생산까지의 단계를 지칭하는 용어.

5 자금난으로 위기에 몰린 기업에게 은행이 해주는 하루짜리 긴급 대출로, 기업이 당좌수표를 담보로 빌리는 긴급자금이다.

7 조세범칙행위에 직간접적으로 입증할 수 있는 모든 것.

9 증권시장에서 매도측과 매수측이 일정한 장소에 모여서 자유스러운 가격으로 매매에 참가하는 집단경쟁매매방식.

11 사망·상해·입원 등 생명과 관련된 보험사고가 발생했을 때 보험을 든 사람에게 약정된 보험금을 지급하는 보험상품.

30

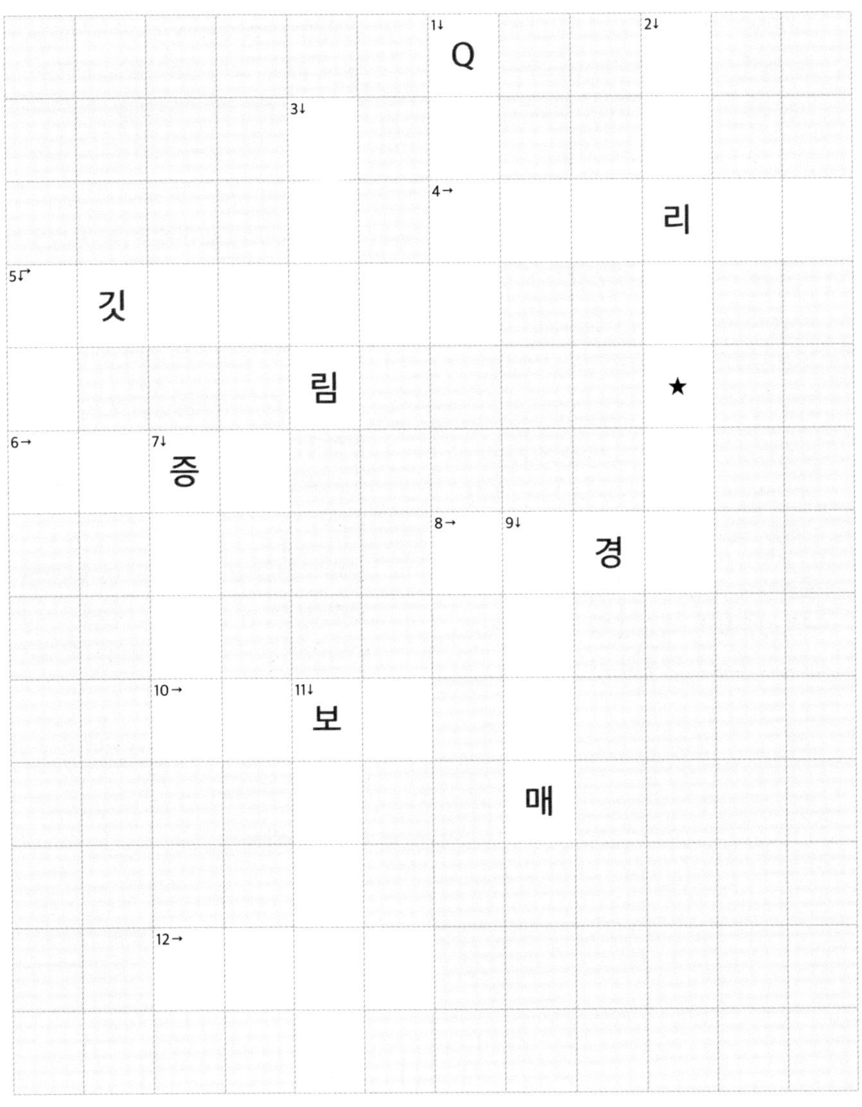

가로 열쇠

1 1971년 '채권왕' 빌 그로스가 설립한 세계 최대 채권 투자운용회사로, 2000년 독일 알리안츠에 인수되었다.

5 내부 수익률이란 의미의 영어식 표현으로 투자 금액의 현재가치가 그 투자로부터 기대되는 현금수입액의 현재가치와 동일하게 되는 할인율을 말한다.

7 행사가격이 만기에 다가갈수록 단계적으로 하락해 수익상환 가능성이 높아지는 주가연계증권.

9 완전 시장 개방은 아니나 국가 간의 무역거래에서 관세장벽을 허무는 협정. 자유무역협정의 줄임말.

11 증권사나 투신사가 프로그램 매매 시 펀드상승률이 목표점에 이르지 못해 손실이 발생한 경우를 말한다.

세로 열쇠

2 2010년 2월부터 도입된 주택담보대출 기준금리로 시중은행으로부터 자본조달 상품 관련 비용을 취합해 산출한다.

3 제1차 세계대전 이후 독일의 배상문제 처리를 위해 1930년 미국, 유럽국가 등 12개국이 공동출자해 설립한 국제결제은행. 스위스 바젤에 위치하고 있다.

4 기업이 다른 나라에 공장을 만들어 생산한 뒤 자신의 상표를 달아 판매하는 주문자 상표부착 생산방식을 지칭하는 용어.

6 실제 구매의 첫 단계이다. 이를 토대로 발주처에서 주문을 내고 업체가 이를 받아들이면 계약이 이루어지게 되는 입찰방식 중 하나.

8 통신의 흐름에서 상위 매체에서 하위 매체로 전해지는 데이터.

10 현금자동인출기.

31

1→	2↓ 코								3↓				
							4↓		5→ I		6↓		
	7→		8↓			★	E				9→		10↓ A
											Q		
			11→ 트										

가로 열쇠

3 원천 징수의 방법에 의해 거둬들이는 갑종근로소득세.

7 한국거래소가 상장회사로서 적격한지에 대한 심사.

8 미래에 발생할 리스크를 예측하여 구한 평균 분산값.

10 약정기간 동안 원금을 똑같이 분할하여 갚으며, 상환한 원금을 제외한 나머지 금액에 대한 이자와 함께 상환하는 방식의 대출.

12 투자가치에 영향을 주는 성장가능성, 배당정책, 수익성, 증자와 감자 등과 같은 기준을 재료별 필터라고 하는데 이 필터를 정해 놓고 주식을 사고 파는 이론.

세로 열쇠

1 상품의 수량이나 중량을 기준으로 세율을 결정하는 내국세 또는 관세.

2 노동자들의 기술적인 숙련도를 지칭하는 용어.

4 직업은 있으나 적은 소득으로 인해 생활이 어려운 근로자 및 사업자 가구에게 근로를 장려하고 실질소득을 지원하기 위해 만든 제도.

5 만 15세에서 29세의 청년층 실업을 지칭하는 용어.

6 1920년대 미국의 찰스 폰지(Charles Ponzi)가 벌인 사기 행각에서 유래된 다단계 피라미드 금융사기.

9 금융시장에서 금리가 높거나 만기기간이 짧아지는 등 대출자가 주도권을 가지고 있는 상황을 지칭하는 용어.

10 기업이 인수합병(M&A) 등을 통해 사업을 재편할 때 관련 규제를 간소화해 한 번에 해결할 수 있도록 풀어주고 세제 혜택을 주는 특별법.

11 등기공무원이 등기권리자에게 교부하는 등기완료증.

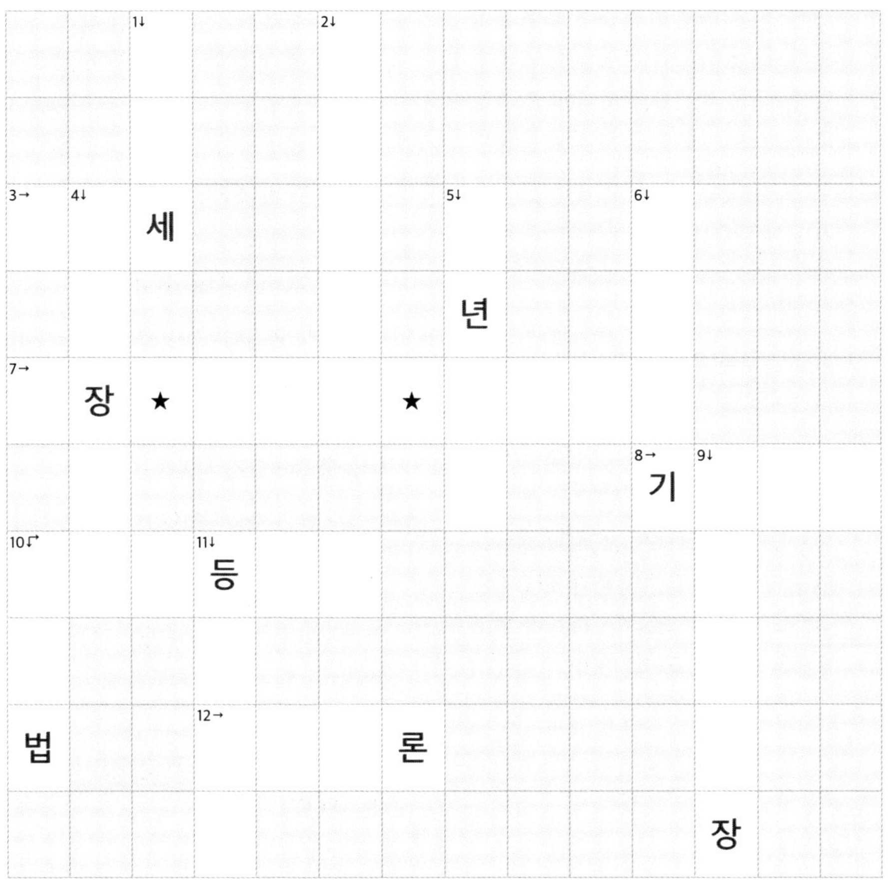
1↓
2↓
3→
4↓
세
5↓
6↓
년
7→
장
★
★
8→
기
9↓
10↱
11↓
등
법
12→
론
장

가로 열쇠

3 단기의 급격한 경기 침체 후 오랜 시간 동안 완만하게 경기가 회복되는 것을 말하는 것으로 경기회복 그래프가 스포츠 브랜드 나이키의 로고와 비슷하다고 하여 붙여진 이름.

4 미국 내 통신에 관한 규제를 완화하여 민간의 자유로운 경쟁에 맡기기로 한 정책.

6 회계 실무를 위한 일반적이고도 광범위한 지도 원리.

8 뮤지컬, 연극 등 하나의 작품을 수차례에 걸쳐 반복 관람하며 즐기는 골수팬.

9 정부 지출이 고정된 상태에서 조세감면과 국채 발행을 통한 재원 조달이 있더라도 경제의 실질 변수에는 아무런 영향을 미칠 수 없다는 내용.

세로 열쇠

1 소상공인들의 카드수수료 부담을 덜어주기 위해 서울시가 추진 중인 결제시스템.

2 주식의 손실과 이익을 위해 판 주식을 다시 사는 환매수를 말한다.

3 미국, 영국, 프랑스 등 26개국으로 구성된 북대서양 군사방위 조약기구.

4 원청에서 일을 받은 수급인이 다시 재하청을 주는 것.

5 기업이 새로운 기술, 상품, 시장 등을 개발할 목적으로 지출하는 비용.

7 통화금융과 예금은행을 제외한 금융기관과 관련 있는 업무를 담당하고 있는 기관을 지칭하는 용어로 증권회사, 신용보증기금, 신용관리기금, 리스회사, 벤처캐피털회사, 손해보험 등이 이에 해당된다.

8 자산, 부채, 자본의 상호관계를 식으로 표시한 것.

33

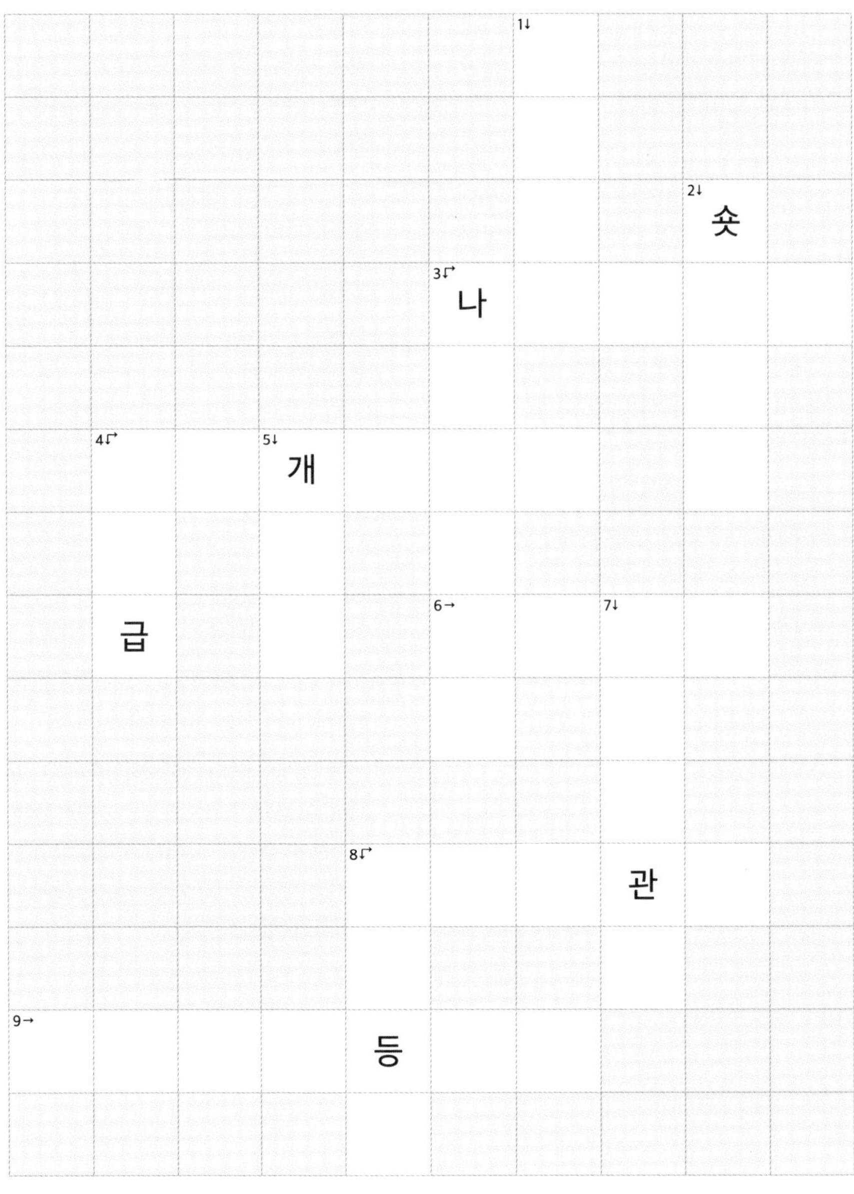

답 120P

가로 열쇠

3 기업의 지점 간에서 발생한 거래를 본점의 회계에 집어넣어 본점에서 행한 거래로 처리하는 방법.

5 당뇨치료식이나 퓨레형 환자식, 새로운 조리법과 성분으로 만들어진 기능성 음식들. 새롭게 부상하고 있는 신개념 음식들의 총칭이기도 하다.

6 금리변동에 따른 리스크와 외화차입 비용 절감을 위해 두 기업 간에 서로 유리한 방향으로 차입조건을 교환하는 계약을 말한다.

9 명품을 사기 위해 부모에게 과도한 요구를 하여 부모의 등골을 휘다 못해 부러뜨린다는 말에서 유래된 은어.

11 인터넷 상에서 인감을 대신하는 공인인증서를 사용하여 인증 받는 제도.

세로 열쇠

1 시장금리보다 높은 이자가 지급되고 할증 발행되며 채권 발행자가 만기이전에 상환이 가능한 수의상환 쿠폰부 채권.

2 첨단 기술의 발달과 사회변화로 산업의 경계가 뒤섞여 모호해지는 현상.

4 부동산 거래 시 10% 남짓의 계약금을 지불한 후 나머지 부동산 금액 중 일부를 중간에 정산하는 금액으로 일반적으로 잔액의 50% 정도를 지불한다.

7 이동 중에도 초고속인터넷을 이용할 수 있는 무선휴대인터넷.

8 인공지능, 사물인터넷 등을 통해 모인 빅데이터를 기반으로 모든 의사결정을 하게 되는 세상을 지칭하는 신조어.

9 등기 완료 시 등기공무원이 등기권리자에게 교부하는 등기완료 증명서.

10 세계 경제의 역사와 미래를 다루고 있으며 실권을 주무르고 있는 서구 금융가문들의 실체를 소개해 음모론자라는 비판을 받기도 했던 중국의 경제학자 쑹훙빙의 베스트셀러.

34

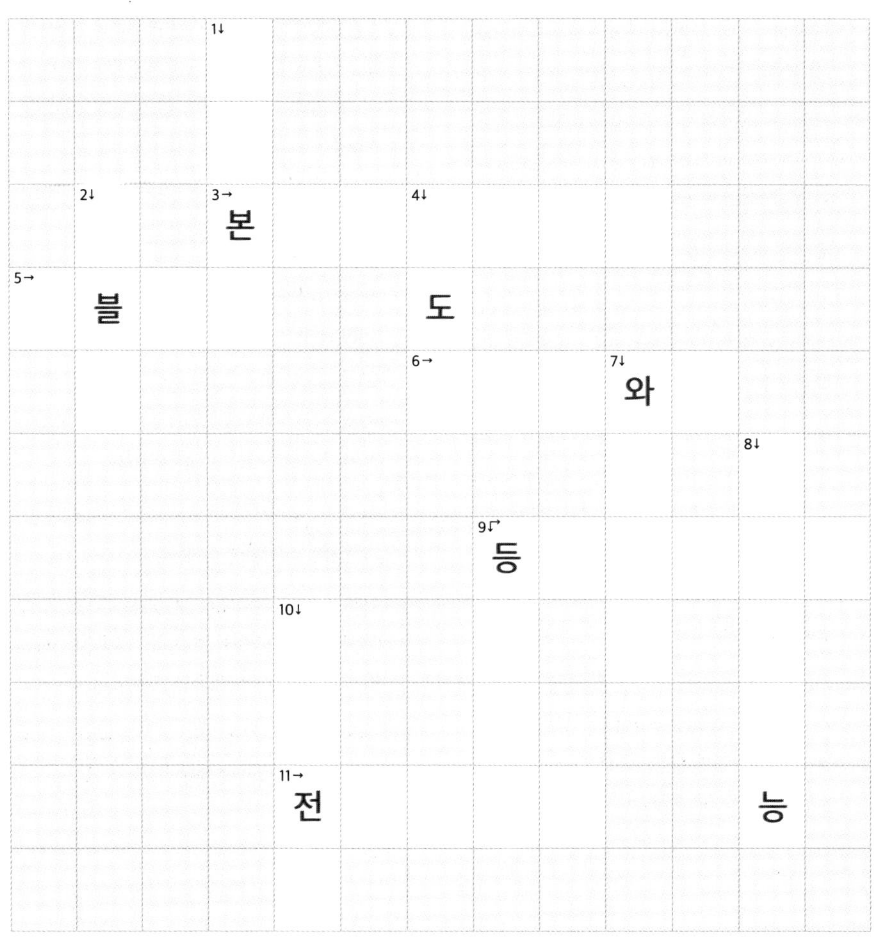

가로 열쇠

2 전력의 수급상태가 어느 정도인지를 나타내는 지표.

5 공판절차를 거치지 않고 서면심리만으로 지방법원에서 벌금·과료 또는 몰수형을 과하는 명령.

6 물건을 사들이는 것.

8 수도권의 집중을 막기 위해 일정규모 이상의 대형건축물을 신·증축할 때 부과되는 부담금.

11 특정 제품, 연예인 등의 팬덤을 형성하고 있는 사람들이 경제 주체로서 미디어 텍스트의 의미, 감정, 문화 작품, 집단행동 등을 생산하고 유통시키는 그들만의 경제시스템을 구축하게 되는 것을 말한다.

12 거래의 양을 나타내는 거래량 회전율과 거래의 질을 나타내는 거래성립률을 곱하여 산출하는 지표로 시장의 활황과 불황을 알아보는 지표.

세로 열쇠

1 골드만삭스의 미국 증권 담당 선임전략가인 애비 조셉 코언의 투자전략이나 발언이 미국 뉴욕 증권시장에서 갖는 영향력을 일컫는 말.

2 전자 매채에 정보를 저장하여 책처럼 사용하는 디지털 도서.

3 국가기관에서 시행하는 경매.

4 채무자가 개인적인 이유로 약정 기간의 대금지불을 못하거나 여러 이유로 인해 중도 계약을 파기 했을 시 채권자에게 지급하기로 약정한 비용.

7 수소가 주 연료로 사용되어 형성되는 경제를 지칭하는 신조어.

9 1980년대 초부터 2000년대 초까지 미국에서 태어난 SNS에 익숙한 세대를 ○○○○ 세대라고 한다.

10 금융기관이 기업대출 시 담보로 잡는 부동산에 대해 제한을 가하는 것.

35

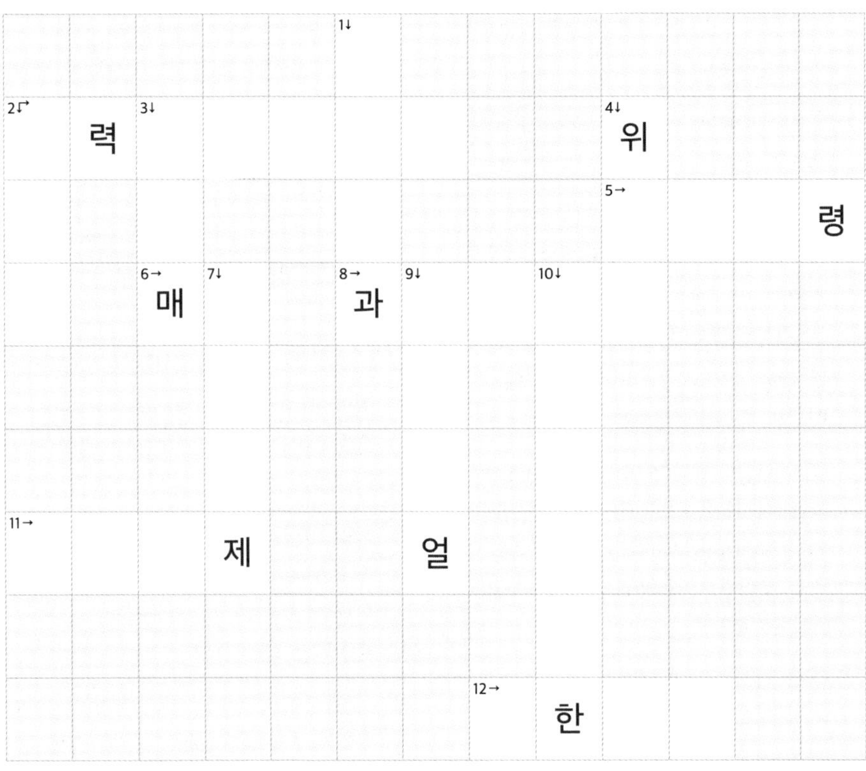

답 120P

가로 열쇠

2 부동산의 권리를 적은 장부를 복사하여 작성한 문서.

6 물가상승률을 반영하지 않고 외부로 표시된 금리로 실질금리와 상대되는 개념.

7 생산물 1단위에 대해 투입되는 노동의 비율.

9 근로자에 대한 갑질을 지양하고 매너를 찾는 소비자와 그러한 분위기를 지향하는 사회를 지칭하는 신조어.

11 주식 시장에서 엄청나게 많은 양의 주문을 처리하는 데 있어 일반적인 매매거래로는 불가능하다고 판단될 때 시장에 영향을 주지 않고 매매할 수 있도록 하는 제도.

12 주식 시장에서 투자자가 가격을 정하지 않고 종목과 수량만 적어 주문한 다음 주문 접수 시점에서 가장 유리한 가격으로 매매가 체결되는 제도로 매매체결보다는 가격을 우선 시하고 내는 주문을 지칭하는 용어.

세로 열쇠

1 소득 분배의 불균등 정도를 보여주는 지표로 가구소득을 개인소득으로 환산한 것.

3 1995년 7월 시행에 들어간 '부동산 실권리자 명의 등기에 관한 법률'에 따라 반드시 매매 당사자의 실명으로 부동산 거래를 실시하도록 의무화한 제도.

4 은행이 고객에게 지급하는 3가지 대표적인 예금금리 중 하나로 고시금리와 전결금리보다 훨씬 더 높은 이자율을 지급하는 금리.

5 산업 현장과 기업의 상황에 따라 필요한 인원에 대해서 임시 계약을 맺고 비정규직 프리랜서로 근무하는 형태가 확산되는 경제 현상.

8 '드롭시핑(dropshipping)'이라고 하며 판매자가 상품재고를 오픈 마켓을 통해 주문받아 처리하는 방식으로 재고 없는 쇼핑몰 창업을 도와주는 서비스를 말함.

10 스페인의 투우장에서 마지막 일전을 앞 둔 소가 잠시 쉬는 공간을 의미하는 데서 유래한 말로 스트레스에 지친 현대인들이 휴식과 안정을 취하기 위한 공간이나 그러한 공간을 찾는 사람들의 경향을 의미하는 신조어.

11 자본금이 750억원을 넘는 큰 규모의 회사 주식.

36

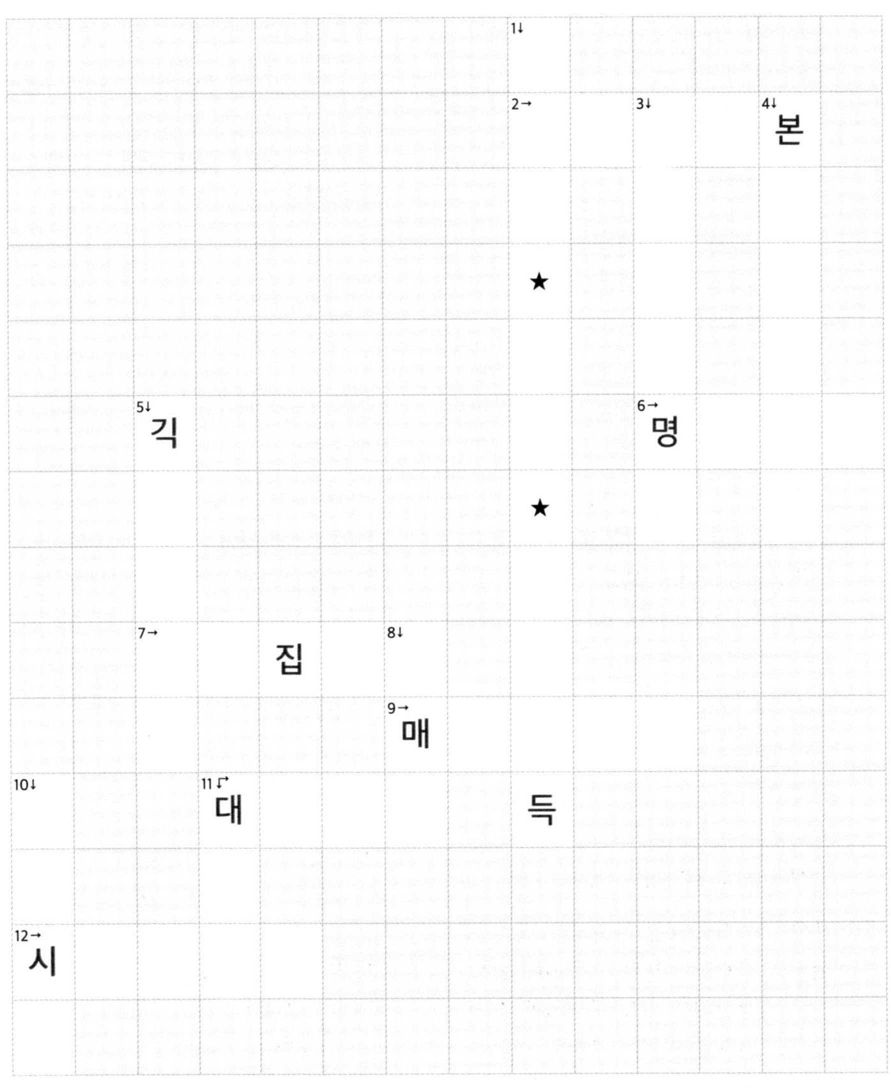

답 120P

가로 열쇠

3 문제 핵심 원리 찾기, 재구성, 순서도 만들기, 데이터 수집과 조작, 문제 쪼개기, 구조화, 추상화하기 등의 컴퓨터 소프트웨어를 만들 때 요구되는 사고력을 지칭하는 말.

6 17세기 네덜란드의 튤립 알뿌리를 사고 파는 과정에서 발생한 과열투기 현상으로 인한 거품경제.

7 페이스북이나 인스타그램, 카카오스토리 등 SNS 계정을 통해 물품을 판매하는 1인 마켓을 뜻하는 신조어. 셀마켓이라고도 한다.

8 환경오염으로 인해 친환경을 넘어서서 생존을 위해서라도 반드시 환경을 생각하는 제품과 소비가 이루어지는 시대로의 변화를 뜻하는 신조어.

9 사용자가 웹사이트나 앱을 따로 실행하지 않고도 대화하듯 정보를 얻을 수 있는 서비스.

10 소득세나 법인세를 부과하지 않거나 15% 이하로 부가하는 국가와 지역.

11 새롭게 강대국으로 부상하는 국가와 기존의 지배력을 가진 국가 간에 발생하는 긴장상태를 고대 아테네와 스파르타의 관계를 빗대어 표현한 것으로 현재 미국과 새롭게 부상하고 있는 중국 사이의 경제적 충돌과 긴장상태가 전면전으로 치달을 수 있다는 미국 정치학자 그레이엄 엘리슨의 주장.

12 두 나라 사이의 무역 및 무역외거래의 결제 시 바로 외화를 지급하는 것이 아니라 두 나라의 중앙은행에 계정을 설치해 장부상으로 청산하는 방식.

세로 열쇠

1 고객과 마주하지 않고 상품을 파는 마케팅 방식.

2 1995년부터 2000년에 인터넷 관련 분야가 성장하면서 주식 시장의 관련 주가 엄청난 상승을 하며 발생한 거품 경제 현상.

4 수요가 공급보다 많아 공급을 늘리고 잠재성장률을 키우는 경제 상황.

5 미국의 1995년 이후 태어난 세대를 지칭하는 말.

8 위법 또는 부당한 처분을 받거나 필요한 처분을 받지 못하여 권리 또는 이익의 침해를 당한 자는 심사청구 또는 심판청구를 하여 그 처분의 취소 또는 변경이나 필요한 처분을 청구할 수 있는 국세기본법 또는 세법에 의한 처분.

37

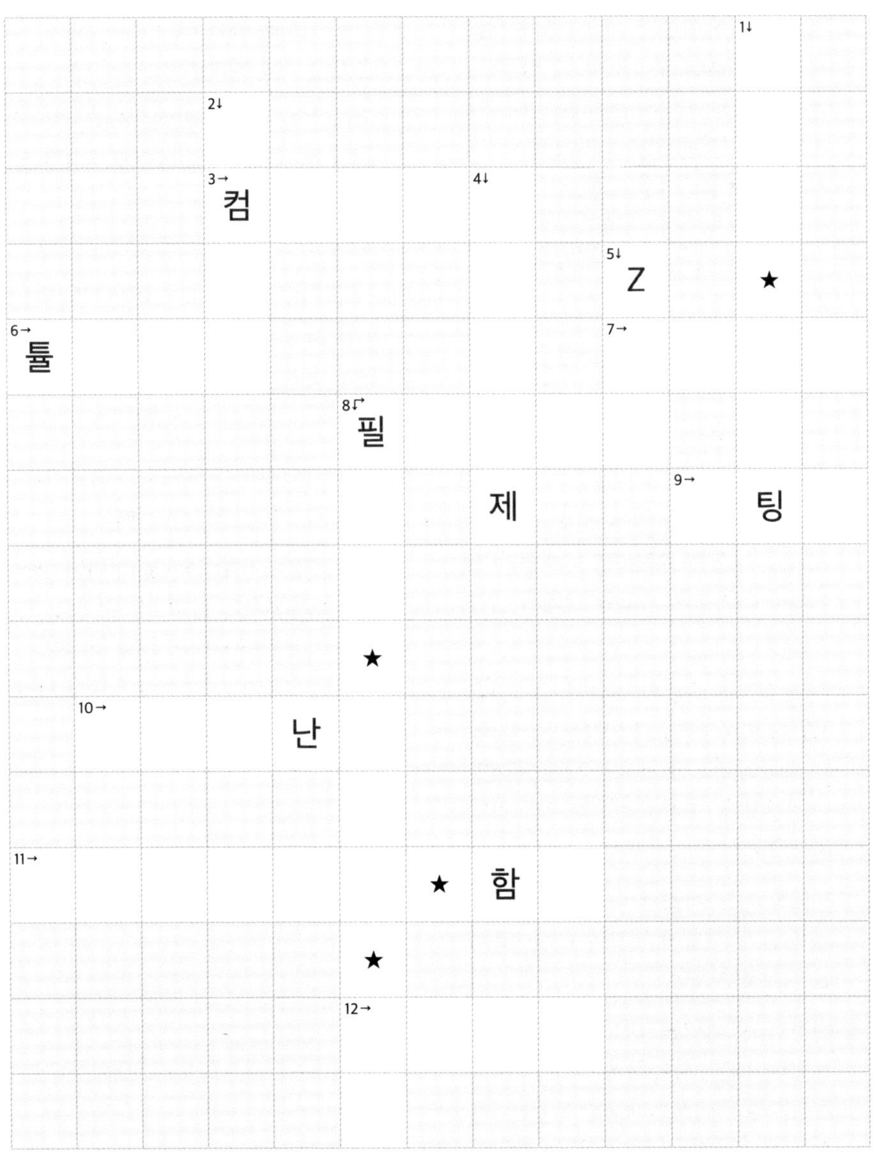

답 121P

➡ 가로 열쇠

1 기업 활동에 필요한 에너지를 친환경적인 재생에너지로 100% 공급하자는 글로벌 재생 에너지 캠페인. 2014년 뉴욕 시 기후주간에서 발족되었으며 2014년 구글, 애플, GM, 이케아 등 세계적인 기업들이 참여해 재생에너지 100% 전환 방침을 공개적으로 선언했다.

4 휴대폰과 PC, IPTV, 인터넷 전화, 모바일 인터넷 디바이스(MID) 등 각기 다른 5가지 종류의 단말기에서 동일한 콘텐츠를 이용할 수 있는 서비스.

6 새로움(New)과 복고(Retro)를 합친 신조어로, 예전에 유행하던 디자인과 콘셉트를 이용하여 복고를 새롭게 즐기는 경향.

7 자국 시장에 적합한 표준과 규격만을 사용하여 국제적으로 인정받는 기술력의 제품임에도 불구하고 세계 무대에서 인정받지 못하고 국제적으로 고립되는 현상.

11 안정성 있는 사업과 혁신적인 스타트업 사업 두 개를 동시에 추구하는 조직을 지칭하는 용어.

12 탄탄한 경제력을 바탕으로 다양한 분야에 대한 지식과 능력을 갖추어 자신만의 라이프스타일을 즐기는 '늙지 않는 멀티플레이어 여성'을 뜻하는 신조어.

⬇ 세로 열쇠

2 미국 기업에 투자하면 영주권을 받을 수 있는 미국 투자이민 프로그램.

3 낙후된 지역이 활성화되어 중산층 이상의 주민들이 유입되면서 원주민을 대체하는 현상.

5 온라인으로 조회할 수 없으며 예금주가 은행창구를 직접 방문해야만 입출금을 할 수 있는 비밀 통장.

8 바쁜 일상을 벗어나 휴식을 통해 위안을 얻는 사람들을 지칭하는 말.

9 건설사가 주택을 3분의 2 이상 지은 후 소비자에게 분양하는 제도.

10 남의 시선에 맞춰 사는 삶이 아닌 나의 즐거움과 행복이 삶의 기준이 되는 자기애의 삶을 추구하는 삶의 방식을 지칭하는 신조어. 나답게 살기를 뜻하며 '라라랜드'에서 파생되었다.

38

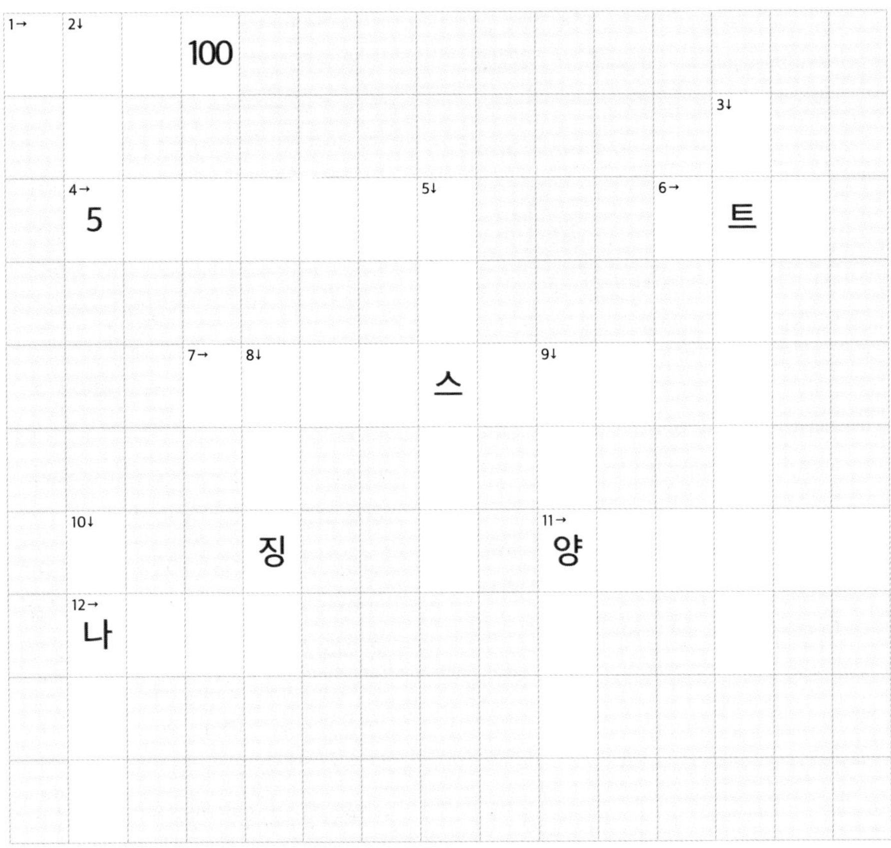

답 121P

가로 열쇠

3 열기구를 하늘 높이 띄워 인터넷을 할 수 없는 지역의 사람들에게 인터넷보급을 위한 구글 프로젝트.

5 기준년도의 온실가스 배출량과 대비하여 설정된 배출목표량.

7 2009년 덴마크에서 열린 제15차 유엔 기후변화협약 당사국 총회로 2013년 이후 전 세계 온실가스 감축 방안을 담은 협약.

9 앞으로 6개월간 시장대비 30% 이상의 초과수익이 기대되는 추천 주식 종목을 지칭하는 용어.

10 자금세탁, 세금회피 등의 음성적 목적을 위해 마치 외국자본인 것처럼 위장해 주식시장에 들어오는 한국자본.

세로 열쇠

1 Slow와 Localization의 합성어로 바쁜 일상의 도시의 삶 속에서도 느리고 여유로운 삶을 즐기고자 하는 삶의 자세를 나타내는 신조어.

2 연기금과 자산운용사 등 주요 기관투자가가 주인의 재산을 관리하는 집사처럼 기업의 의사결정에 적극 참여해 주주로서의 역할을 충실히 수행하고 위탁받은 자금의 주인인 국민이나 고객에게 이를 투명하게 보고하도록 하는 행동지침.

4 회사가 새로 주식을 발행하고 다른 주주가 이를 취득하는 것을 말함.

5 자신이 직접 경험하고 느낀 감정을 표현하는 것이 아닌 이모티콘이나 관찰형 예능, 먹방의 패널, 유튜버 등이 대리 표현해주는 경험을 통해 감정을 느끼고 해소하는 현대인들의 심리적 현상을 지칭하는 신조어.

6 미국에서 수입 물량 전체가 아닌 특정 물품에 대해서만 덤핑마진을 산정하는 것.

8 제품을 대량으로 구매하여 사용 후기나 느낌, 제품에 대한 품평을 하는 인터넷 방송을 지칭하는 신조어.

11 1967년에 월가의 내부사정을 상세히 기술한 미국의 저널리스트 조지 굿맨의 베스트셀러를 통해 널리 알려진 말로 주식투자를 최고 이익을 얻기 위한 하나의 게임으로 생각하는 것을 지칭하는 용어.

39

	1↓ 슬		2↓											
3→			트	★										
													4↓	
								5↱ 감			6↓			
			7→	펜	8↓						9→ 적			
													출	
	10→		11↓ 머		★									

답 121P

가로 열쇠

2 수당, 연금, 급여 등의 각종 사회수혜금과 세금 환급금 등의 공공기관 등에서 개인에게 지급되는 소득.

4 2018년 11월 연례보고를 통하여 중국이 유사시 북한영토 점령 가능성 시사와 러시아와 중국 상대의 전쟁에서 미국 패배를 경고하여 화제가 된, 미국 의회가 2000년 10월 설립한 초당적 의회 자문기구.

7 바쁜 회사생활로 인해 개인적인 휴식과 여가가 침해당하는 삶에 대한 반성과 사회적 인식전환으로 일과 삶의 균형을 찾으려는 생각이 반영되어 급속도로 퍼져나가고 있는 신조어.

8 세금을 매길 때 기준이 되는 금액을 정하는 비율이다

10 기업 업무 효율을 높이기 위해 일부 업무나 서비스를 기업 밖에 있는 제3자에게 위탁하여 처리하는 방식.

11 물가상승 없이 한 국가의 자본, 노동력, 자원 등 모든 생산요소를 사용하여 이룰 수 있는 최대한의 경제성장률 전망치.

12 국제 교역에 있어 불필요한 장애를 발생시키지 않기 위해 장애를 일으키는 표준이나 기술기준 등을 국제적 수준에서 통일하기 위해 맺은 협정.

세로 열쇠

1 조세 피난처로 유명한 카리브 해에 있는 영국령 제도.

3 소비자가 제품의 기능성과 효용성보다는 자신의 기준에 비추어 '매력' 있어하는 물건을 소비하는 현상과 그러한 개인지향적 소비자들의 욕구에 맞추어 제품의 매력을 어필하는 마케팅을 지칭하는 신조어.

4 옷이나 가방 등에 메시지가 담긴 문구나 문양을 넣는 '슬로건 패션(slogan fashion)'. 환경보호를 위한 '업사이클링(up-cycling)' 제품 구매 등의 자신의 정치, 사회적 신념을 소비행위와 SNS의 해시태그 등을 통해 적극 표현하고 공유하는 소비자 운동을 지칭하는 신조어.

5 기업의 장기지급능력을 측정하는 데 사용되는 비율.

6 세계 정책연구소의 미셸 부커가 2013년 다보스포럼에서 처음 발표한 개념으로 같은 이름의 저서가 있다. 개연성이 높고 파급력이 크지만 사람들이 간과하는 위험을 뜻하는 용어이기도 하다.

9 조세의 재원 마련을 세금 등 국민 부담으로 해야 하는 국가채무.

40

			1↓									
2→		★	이									
								3↓				
4↓→ 미				★	5↓						6↓	
							7→	라				
					비							
	8→		9↓ 적						10→		소	
	11→				률							
			12→			술						

답 121P

가로 열쇠

2 인터넷 상의 금융, 공기관 등의 전자 거래 시 본인의 신원을 확인해주는 전자서명.

4 1934년 미국의 계량학자 바실리 레온티예프가 정립한, 가격과 공급량의 주기적 변동을 설명하는 이론.

6 미국의 베이붐 세대의 자식 세대로서 가장 영향력 있고 긍정적이며 적극적인 세대를 지칭하는 용어.

8 노조원 전체가 동시에 근무를 하지 않기로 하는 노동조합의 결쟁에 따른 노동쟁의.

10 경제적 약자인 임차권자의 권리보호와 주거생활 안정을 위해서 1981년 제정된 민법에 대한 특례를 규정한 법률.

12 모든 사물들이 인터넷을 통해 서로 연결되는 것.

세로 열쇠

1 한국 아이돌의 팬들이 지지하는 아이돌에게 선물이나 봉사 등을 통해 다양한 형태로 응원하는 행위.

3 주권 또는 지분의 양도에 대해 부과되는 국세이며 간접세.

5 겨울에는 전기나 가스, 난로, 여름에는 에어컨, 선풍기 등 특정 계절에 잘 팔리는 계절상품의 영향으로 일시적으로 주식이 급등하는 회사의 주식을 지칭하는 용어.

7 조선 후기 사회문제로 대두되고 있던 공물제도를 개선하여 쌀로 바치게 한 납세제도.

9 저렴한 제품을 중심으로 시장을 공략한 후 빠르게 시장 전체를 공략하는 혁신을 말함.

11 대기업 등의 규모가 큰 회사들이 경영상 어려움으로 도산을 해야 함에도 불구하고 그 파장이 국민 경제에 미치는 영향이 너무 커서 구제금융을 통해 구제해주는 것을 말함.

41

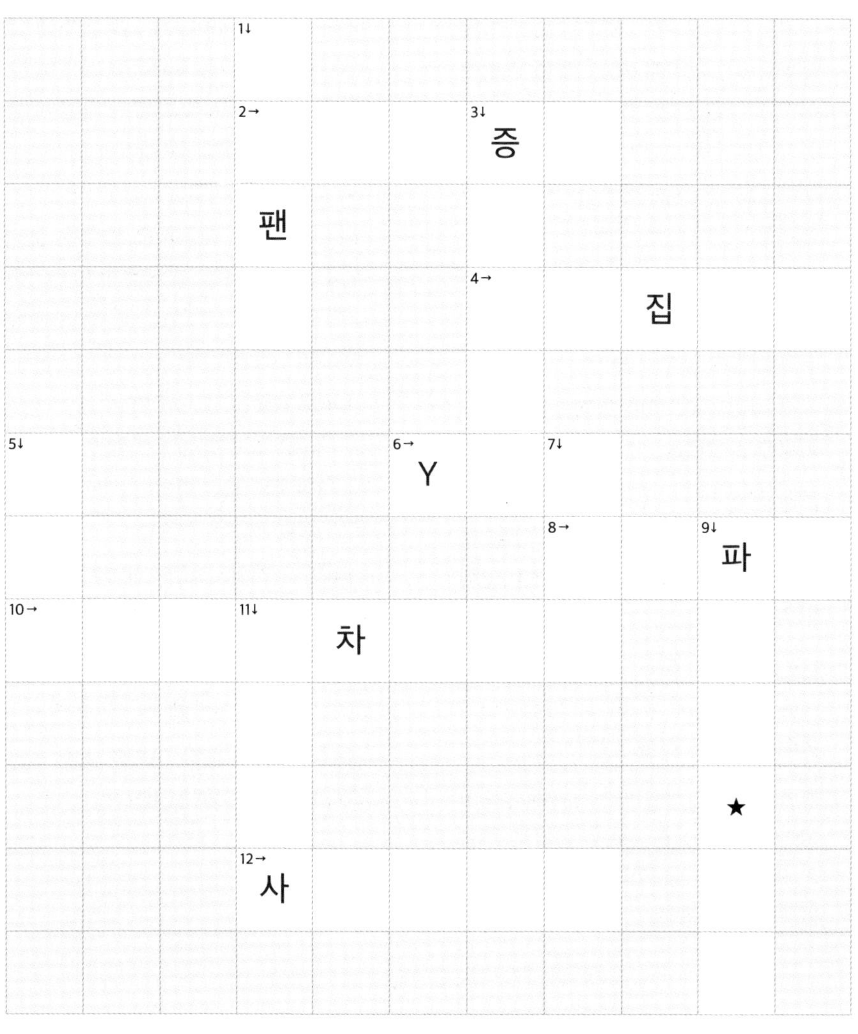

가로 열쇠

3 주세처럼 술을 사는 사람은 술값 안에 포함되어 있는 세금까지 함께 부담하지만 주세를 내는 납세의무자는 주류회사이듯 상품 안에 세금이 포함되어 있어 세금을 부담하는 조세부담자와 납세의무자가 다른 세금.

4 상품 제조업자가 거래에 참고하기 위해 제품에 표시하는 가격을 말하는 것으로 법적인 근거는 없다.

6 기업 상장 전에 한국 거래소에서 이루어지는 심사과정.

8 많은 공급자와 수요자가 시장 안에서 제약이나 간섭 없는 공정한 경쟁을 통해 가격이 형성되는 경제학의 이상적인 시장 형태.

10 납입자본금의 증감 없이 기존 발행주식을 일정비율로 분할하여 발행주식의 총수를 늘리는 것을 말한다.

12 주거지에서 지하철역이 가까워 교통이 편리하고 역을 중심으로 형성된 주변이 생활 편의 인프라가 매우 좋은 지역을 지칭하는 용어.

세로 열쇠

1 미국 시카고 상업거래소와 연계해 우리나라 시장 마감 이후인 6시부터 다음날 새벽 5시까지 코스피 2000선물 거래를 할 수 있는 시스템.

2 맥도널드의 '맥'과 역세권의 '역'이 합쳐진 신조어로 주거지와 가까운 곳에 배달 가능한 패스트푸드점이 있는가를 고려하는 젊은 층들의 외식환경 생활 패턴을 지칭하는 용어.

5 기업이 제품을 팔아서 얻은 이익이 아닌 재고를 보유하거나 본점과 지점 간의 거래에서 얻은 이익, 화폐가치가 올라서 얻은 이익을 말한다.

7 정부가 생각하지 못한 예산지출로 부족분이 발생해 이를 충당하기 위한 세입 · 세출 예산에 계상된 비용.

9 전상장주식을 시가로 평가한 총액.

11 특정 수입품에 대한 관세를 일정 기간 한시적으로 낮춰주는 제도.

42

					1↓		2↓						
					3→ 간								
							4→ 권	5↓					
								6→		7↓ 예			
8→			쟁	9↓				이					
				10→ 액			11↓						
						12→ 역							

답 122P

가로 열쇠

3 2014년 연말부터 대량생산되기 시작하였으며 2001년 처음 출시된 초창기 버전인 DDR1에 비해 8배의 빠른 속도를 지닌 D램 반도체의 규격.

4 정부가 요건을 충족하는 특정 기업에 배당세를 깎아줌으로써 상대적으로 다른 주식보다 배당률이 높은 기업.

5 노사쟁의가 일어났을 때 사용자 측에서 자신들의 요구를 관철시킬 목적으로 사업장을 닫아버리는 행위.

8 기업 상장 전에 한국 거래소에서 이루어지는 심사과정.

10 계열 회사를 많이 거느린 대기업이 모회사로부터 계열회사를 떼어내어 독립적인 회사로 만드는 것.

12 생산을 하는 데 필요한 요소에서 자본이 아닌 노동이 차지하는 비중이 높은 산업.

세로 열쇠

1 계약 형식은 사업주와 개인 간의 도급계약을 하지만 일은 근로자처럼 하는 사람을 지칭하는 용어.

2 힘들고 더럽고 위험한 산업을 지칭하는 용어.

6 기업이 제품을 팔아서 얻은 이익이 아닌 재고를 보유하거나 본점과 지점 간의 거래에서 얻은 이익, 화폐가치가 올라서 얻은 이익을 말한다.

7 신생 기업이 초기 자본이 부족하거나 원활한 자본을 확보하지 못하여 연구개발 성공이나 좋은 실적에도 불구하고 첫 번째 맞는 도산위기와 그 기간을 지칭하는 용어.

9 같은 돈이라도 돈의 출처나 사용처에 따라 느끼는 정도가 달라 관리하는 방법도 달라지는 사람들의 심리를 지칭하는 용어로 행동경제학에서 나왔다.

11 결혼한 부부의 공유재산이 아닌 재산이나 결혼 전에 한쪽이 취득하거나 상속받은 재산.

43

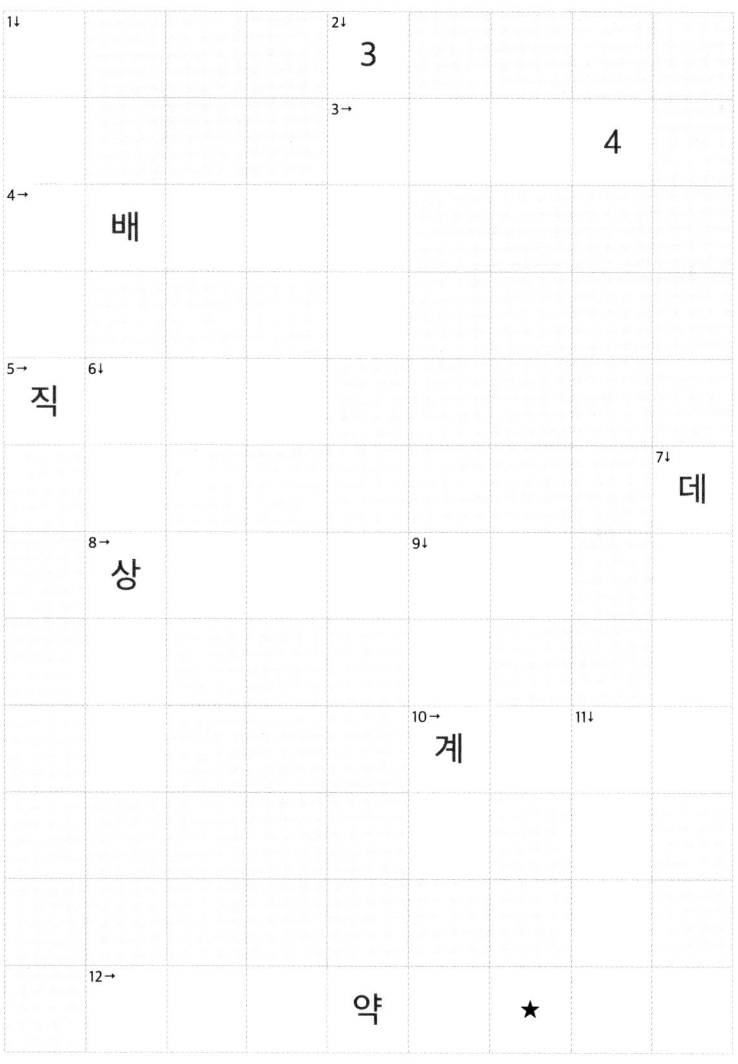

가로 열쇠

2 소비자가 제품을 구매할 때 느끼는 가격, 성능 등에 대한 불안감을 나타내는 용어. 소비자는 이러한 불안감을 해소하기 위해 테스트용 소량구매와 제품에 대한 더 많은 정보탐색을 한다.

5 기업이 자산을 리스회사에 매각 후 다시 임대하여 사용하는 것을 말하는 것으로 기업 입장에서는 목돈을 사용할 수 있어 자금관리에 유용하다.

7 포장하지 않은 액체, 분말, 입자 상태의 화물을 말함.

8 투자자들이 펀드가 부실해질 위험을 느끼고 서로 먼저 환매하기 위해 몰려드는 것을 말함.

9 브랜드보다는 디자인과 스타일에 중점을 두고 제작된 명품을 지칭하는 용어. 그래서 브랜드를 상징하는 로고가 제품에서 잘 보이지 않는다.

세로 열쇠

1 의료비로 실제 부담한 금액을 모두 보장해주는 건강보험.

3 중국의 공식 화폐.

4 보험사의 자산 및 부채를 시가로 평가하여 리스크와 재무건전성을 정교하게 관리할 수 있도록 한 기준.

6 시진핑 국가주석이 중국과 동남아시아 · 중앙아시아 · 아프리카 · 유럽을 육로와 해로로 연결해 신실크로드 시대를 열어서 경제권을 형성하겠다는 중국의 전략.

7 부실기업을 저렴한 가격에 사들여 경영정상화 후 비싸게 팔아 이득을 취하는 고소득, 고위험 자금.

10 15세 이상 생산가능인구 중 취업자가 차지하는 비율.

11 증권사가 저축은행 등 다른 금융사와 제휴, 주식투자자금을 빌려주는 것을 말함.

44

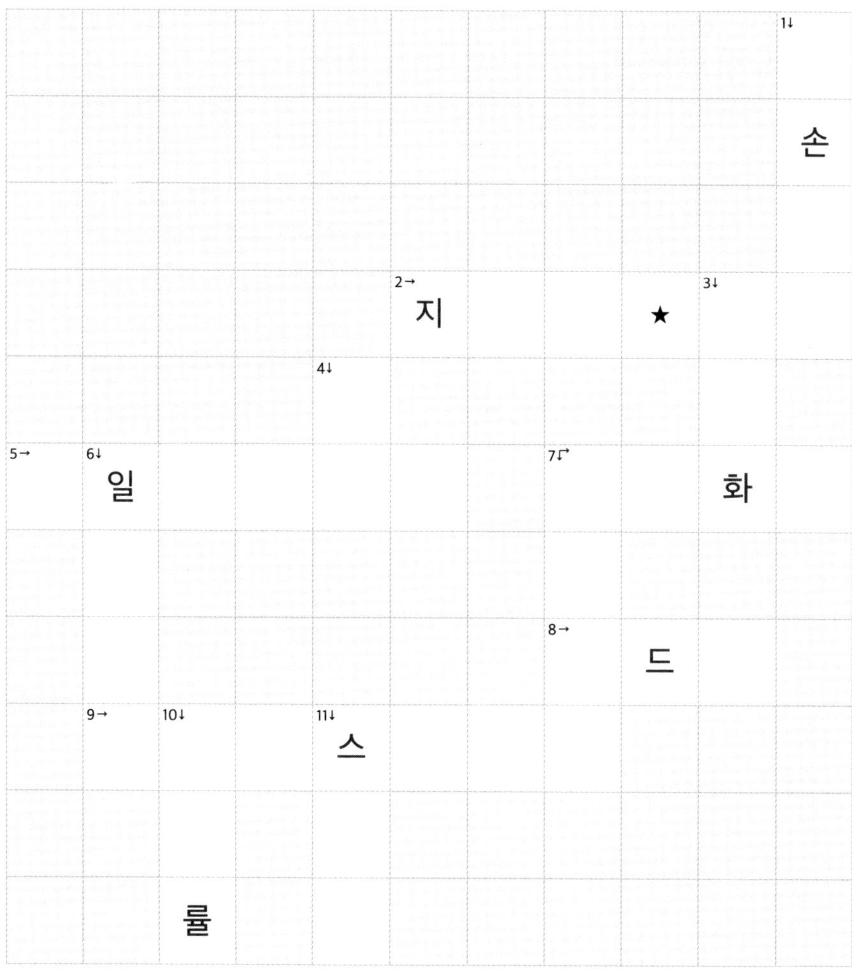

답 122P

가로 열쇠

3 고객으로 가장하여 매장에 들어가 서비스와 매장 상태 등을 평가하는 사람.

5 낮에는 직업을 가지고 밤에는 페이스북, 트위터 등에서 앱을 만들어 올려 수익을 올리는 사람을 지칭하는 용어.

9 증권업자의 신용공여로 증권을 매입하는 증거금 거래시에는 신용한도를 제한하는 미국 연방준비제도의 유통금융의 규제수단 중 하나.

10 건물 전체를 장기 임대한 후 다시 재임대해서 수익을 올리는 사업.

12 가상화폐 제작자가 이벤트성으로 무상 배분하는 것을 말함.

세로 열쇠

1 건강과 여가 생활, 자기계발 등을 위해서 자신이 가치가 있다고 느끼는 제품에 가격에 상관없이 과감하게 투자하는 소비패턴을 지칭하는 신조어.

2 예약을 했지만 아무런 통보 없이 나타나지 않는 고객을 지칭하는 용어.

4 고객 한 사람 한 사람의 개별 욕구에 초점을 맞춘 마케팅 활동을 통해 고객의 만족도를 극대화하는 기업 활동.

5 온라인으로 뺏긴 고객들을 오프라인으로 불러들이기 위해 다른 업종과 콜라보하거나 복합문화공간을 만들어서 체험과 즐길거리, 먹거리 등을 전부 즐길 수 있는 새로운 형태의 복합매장을 지칭하는 신조어.

6 코스닥시장 상장 요건을 충족시키지 못하는 벤처기업과 중소기업이 상장할 수 있도록 2013년 7월 1일부터 개장한 중소기업 전용 주식시장.

7 임신, 육아, 출산으로 인해 어려움을 겪는 가정을 지칭하는 용어.

8 세계무역기구.

11 국채 상환연장이나 이자율 조정 등을 통한 약한 강도의 채무조정.

45

		1↓				2↓					
		3→ 미					4↓				
5↓→											6↓
멜			7↓ 베		8↓						
9→					T		10→			11↓ 리	
							팅				
		12→			랍						

답 123P

가로 열쇠

1 1998년 ASEAN 10개국과 한국, 일본, 중국이 설립한 금융, 경제 문제에 대한 상호협력 강화 방안에 대해 논의하는 국제회의체.

5 정책적, 경제적 목적을 위해 인위적으로 화폐의 가치를 조절하는 것.

7 공급이 아닌 수요가 중심이 되어 만들어진 시스템이나 전략을 총칭하는 말로, 대표적인 것으로 정보통신 기술 인프라를 이용한 우버가 있다.

8 관세를 보류한 상태로 국내에서 수입원재료를 가공하여 다시 수출하는 무역 방식.

9 산업통상자원부 소속의 수출 및 수입 보험제도를 전담, 운영하는 정부출연기관.

12 인플레이션에 의한 자산가치 상승을 막기 위해 매입의 대상이 되는 주식.

세로 열쇠

1 뛰어난 인재들 집단에서 오히려 성과가 낮은 것을 말함.

2 기축통화인 미국의 달러화의 불안으로 상대적으로 안전통화로 부각된 엔화 강세에 의해 일본경제가 디플레이션의 위기로 어려움에 처한 상황을 일컫는 말.

3 화장품과 의약품의 합성어로, 검증성분의 의약품과 화장품을 접목시킨 상품을 지칭하는 용어.

4 개인정보 보호를 위한 법.

6 녹지조성을 통해 도시 환경보호와 경관정비를 위해 만들어진 지역으로 그린벨트라고도 부른다.

10 상장회사가 자사주를 매입해 없애는 것.

11 분실, 도난, 멸실, 오손. 훼손 등으로 진위여부를 알 수 없는 유가증권.

46

			1↱		2↓	+3								
	3↓										4↓			
					5→		6↓ 개							
7→	디										8→			공
					★						★			
							9→		10↓		보			11↓
			12→		주									
									소					
														권

답 123P

가로 열쇠

1 목표 투자액을 다 모은 후 투자하는 것이 아니라 투자자금의 일부만을 조성하여 투자한 후 추가 수요가 있을 경우 투자금을 집행하는 방식.

4 잘못된 결정임을 알면서도 계속해서 고집스럽게 추진해 가는 현상.

6 다양한 정책적 혜택을 통해 해외로 나간 제조 기업을 다시 국내로 불러들이는 정책.

7 동산, 부동산 등의 자산을 평가해 가액으로 표시하는 업무.

8 정부와 계약을 통해 민간사업자가 만든 도로로 통행료 부가체계가 다르다.

10 지진과 쓰나미, 홍수 등의 자연 재해에 대비해 발행하는 보험연계증권(ILS)의 일종. 재해연계 증권의 영어명.

11 국가가 달성하고자 하는 경제 목표와 그 목표를 위한 구체적인 계획을 말한다.

세로 열쇠

2 노동조합의 쟁의에 참여하지 않는 근로자들이 참여하도록 독려하기 위한 설득이나 행위.

3 주식을 특정 날, 특정 가격으로 매입할 수 있는 권리를 위해 콜옵션의 구매자가 판매자에게 지불하는 가격.

4 대형 복합쇼핑몰 안에서 음식, 문화, 교육, 공연 등 다양한 컨텐츠와 서비스를 원스톱으로 즐기는 소비자 계층.

5 기업 매수를 시도하려는 기업이나 투자가를 감시하기 위해 조직된 전단 팀.

9 국토건설종합계획 등 상위계획의 내용을 참고 발전시켜 도시의 장기적인 발전 방향과 미래상을 제시하는 20년 목표의 계획.

1→	2↓ 피		3↓								
						4↱ 몰		5↓			
			6→ 리								
								7→			가
							8→	자	9↓		
								10→	본		
						11→	제				

답 123P

가로 열쇠

2 구글이 운영하는 동영상 공유 서비스로 1인 미디어 시장을 선도하고 있다.

4 금융회사 간의 거래에서 달러를 우선적으로 공급 받을 수 있는 법적 권리.

6 바쁜 생활 속에서 여유를 즐길 시간이 없는 현대인들이 점심시간이나 자투리 시간을 내어 휴식을 취하는 생활 패턴을 지칭하는 용어.

8 금융기관의 대출금 중 연체 기간이 3개월 이상인 '부실채권'을 지칭하는 용어.

10 주식거래 시간인 오전 9시에서 3시까지의 정규 매매시간 이외의 시간에 하는 주식거래.

12 세계 경제 회복 정도를 파악하는 지수로 한국을 포함한 주요 20국(G20)의 경기동향을 종합한 지수.

세로 열쇠

1 팍팍 터져 오르는 팝콘처럼 강한 자극에만 반응을 보이고 느리게 변화하는 현실에는 지루함을 느끼며 아무 관심이 없는 현대인들의 생활 패턴을 지칭하는 용어.

3 가치를 알 수 없는 것을 협상할 때 처음 제시된 조건을 벗어나지 못하고 그것을 기준으로 삼는 현상.

5 소비자들의 호기심을 자극하기 위해 다양한 연출을 통해 관심을 끄는 광고.

7 후발 기업이 선두기업을 따라잡기 위해 신선한 아이디어로 소비자들의 관념을 비트는 인식전환을 통해 새로운 경쟁 구도를 만드는 것을 뜻하는 용어.

9 영국이 유럽연합과 무역, 관세, 노동정책 등 전 분야에 걸쳐 맺었던 모든 동맹 관계를 정리하고 유로존을 탈퇴하는 방식을 뜻하는 용어.

11 현물을 보유하고 있거나 예정인 경우 현물 가격 하락의 위험에 대비하기 위해 옵션 시장에서 동수의 선물계약을 매도하는 것을 말함.

48

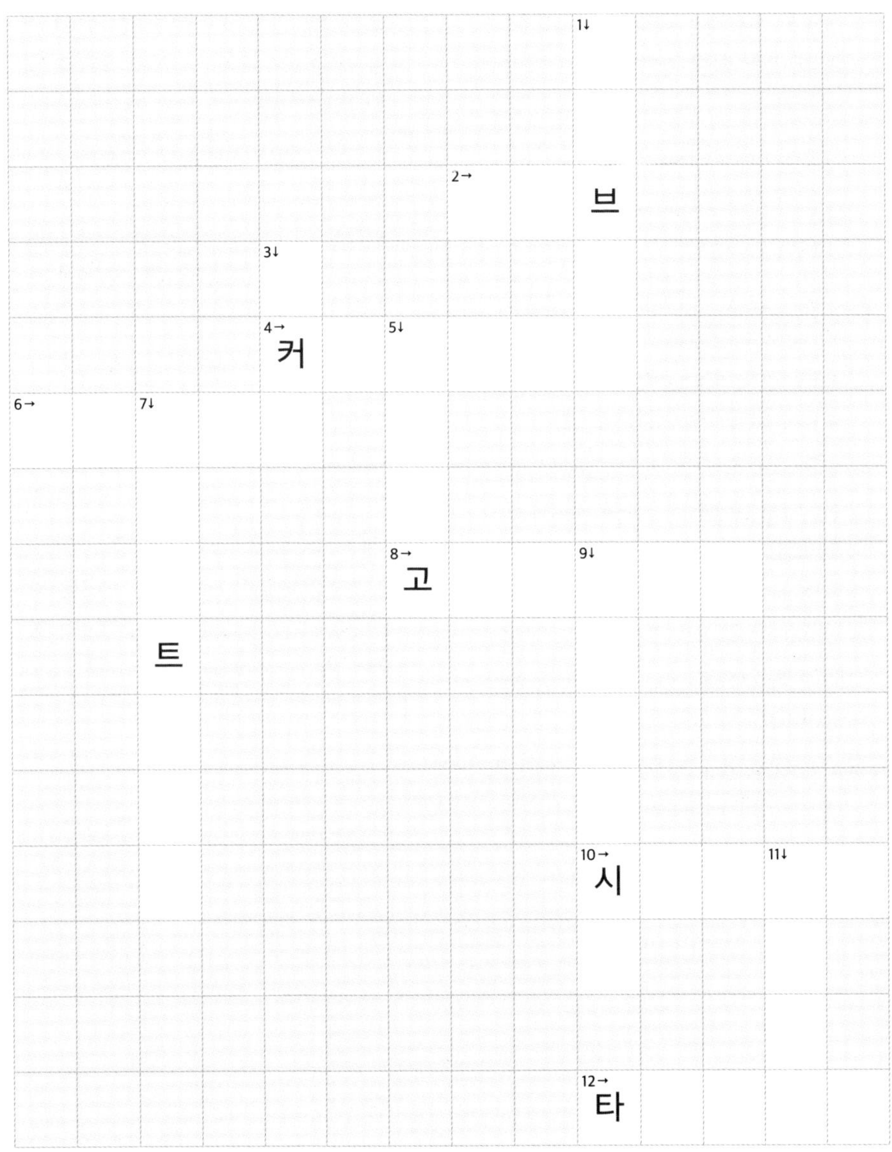

가로 열쇠

1 중국의 동북 3성, 연해주를 포함한 러시아 극동 일대와 한반도를 아우르는 경제권역.

3 대출을 나누어 갚는 것.

4 민간사업자가 만든 도로로 통행료 부가체계가 다르다.

7 근로자 또는 배우자의 자녀 출산과 6세 이하 자녀보육과 관련해 받는 월 10만 원 이내의 금액으로 연말정산 시 비과세 소득으로 인정받는 수당.

8 영세농민, 도시 영세영업 종사자 등 표면상으로는 직업이 있으나 실질적으로는 실업 상태에 있는 사람을 지칭하는 용어.

10 2018년 공인인증서 대체를 위해 만들어진 블록체인 기반의 은행권 공동 인증서비스.

11 기업 활동에서 부가가치가 생성되는 과정을 말하는 경제용어.

세로 열쇠

1 북극의 빙하가 녹으면서 생성될 것으로 예상되는 극동아시아와 유럽을 잇는 새로운 항로.

2 부동산 입찰 시 보증금, 가압류 서류 등 소유권 이전에 들어가는 금액을 분석하는 것으로 이 분석으로 인해 부동산 이전 이후 얻을 수 있는 이익과 손해를 가늠할 수 있다.

5 자기가 필요한 재화를 스스로 만들거나 공급해서 쓰는 것.

6 금융기관의 부실 채권을 매각하기 위해 일시적으로 설립하는 페이퍼컴퍼니.

9 요양기관에 대한 약제비를 지급할 때 상한금액 범위 안에서 요양기관이 실제 구입한 가격으로 지급하는 것.

49

			1↱ 북				2↓			
							3→ 분			
4→ 민	5↓									
					6↓ 특					
	7→	녀								
			8→			★	9↓	업		
		10→		사						
							11→ 가			

가로 열쇠

1 기업이 새로운 사업을 펼치기 위한 조직을 독립적으로 구성하거나 외부의 조직을 인수하는 것.

2 현재 기업 인수의 대상은 아니지만 저평가된 부동산, 적은 부채, 거대한 현금 자산 등을 보유하고 있어 장래 유망 인수 대상이 되는 기업.

4 1970~1980년대에 태어나 일본 캐릭터 '헬로키티'를 보며 자란 세대의 여성들로, 대부분 고학력이며 자녀 육아와 교육에 매우 열정적이고 합리적인 소비성향을 보이는 기혼여성을 가르키는 말.

5 고금리, 고유가, 달러 약세, 스테그 플레이션, 인플레이션 등 다양한 경제적인 악재들 중에서 3가지가 동시에 오는 것을 말함.

7 권장가격이나 공장도 가격이 아닌 최종 판매업자가 실제 판매가격을 결정하고 표시하는 제도로 소비자가 지불해야 하는 실제 가격이다.

9 채권에 투자가의 이름을 표시한 채권.

12 월별과 분기에 따라 주식시장이 일정한 등락을 하는 현상.

세로 열쇠

1 미국 연방준비위원회 의장인 버냉키가 금리 인상 중단을 시사하게 되면 주가가 폭등하는 현상.

3 채권수익률, 어음부도율, 요구불예금 회전율 등 시중의 자금 사정의 좋고 나쁨을 판단하기 위한 지표.

6 물품을 매수하는 매수인이 이유 없이 대금 지급이나 반송을 하지 않을 경우 매도인이 해당 물품에 대해서 다시 매각할 수 있도록 합리적인 절차를 밟을 수 있는 권리.

8 사업자 등록 이후 3년 연속 평균 20% 이상 지속적으로 고성장한 중소기업을 지칭하는 용어.

10 고객의 수요에 대한 정보가 공급자에게 전달되는 과정에서 왜곡되어 공급자가 수요예측을 정확히 할 수 없는 상황에 놓이게 되는 현상을 말하는 것으로 이러한 정보의 왜곡으로 다량의 재고와 서비스 저하 등의 문제가 발생하게 된다.

11 개의 꼬리가 몸통을 흔든다는 뜻으로 선물시장이 현물시장을 움직여 주객전도된 주식시장을 의미한다.

50

		1↱			웃			2→	3↓ 자		★		
		4→ 키											
	5→				6↓ 재								
					7→		8↓	격					
							젤						
		9→		10↓ 채									
		11↓											
12→		더											

답 124P

PUZZLE
답

					긴					
					축					
			신		재	할	인	율		
		적	자	재	정					
			유							
			주							
	구	성	의	★	모	순			수	
			★			자			요	
			경		생	산	가	능	인	구
거	시	경	제	학		액			플	
									레	
				통	화	인	플	레	이	션
									션	

									시		
						경	제	성	장	율	
			골						경		
			드		변	동	환	율	제		
	비		만		동						
	용		삭		금						
	인	더	스	트	리	★	4.0				
	플										
	레										
베	이	비	붐	시	대						
	션				차						
					대	외	교	역			
					조			금	융	정	책
					표			리			

1 2
3 4

외			흑							
환			자	금	순	환	분	석		
위			재			차				
기	획	재	정	부		손				
				르						
				주						
				아						
		애	덤	★	스	미	스			
						국				
	군					노				
	산	업	별	★	노	동	조	합		
	복					총				
	합				부	동	산	★	버	블
	제					맹				

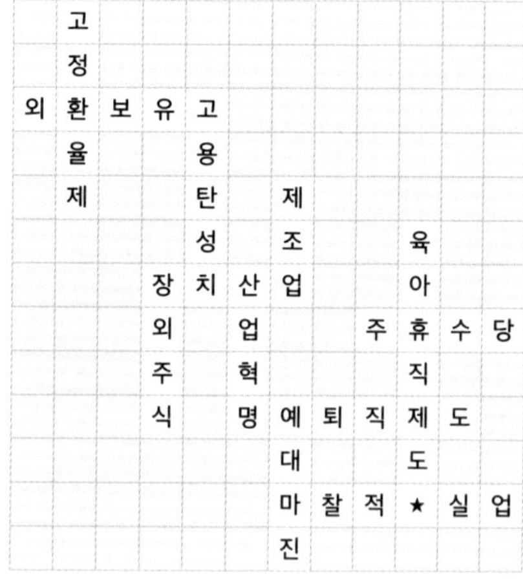

	고										
	정										
외	환	보	유	고							
	율			용							
	제			탄		제					
				성		조			육		
			장	치	산	업			아		
			외		업			주	휴	수	당
			주		혁				직		
			식		명	예	퇴	직	제	도	
						대			도		
						마	찰	적	★	실	업
						진					

		강										
민	간	소	비	자	지	출						
		기										
공	기	업	★	민	영	화						
정				간		의						
거	치	식		설								
래				비								생
법				투								산
				자	본	수	지			가	수	요
							준	거	가	격		소
					건	폐	율			약		투
										속		입

		데	이	비	드	★	리	카	도
							스		급
				오	일	쇼	크		계
	사				월				약
	양		개		효				
생	산	유	발	효	과		변		
	업		도			유	동	성	
			상		최		환		
			국		빈		율		
					국		제		

5 6

7 8

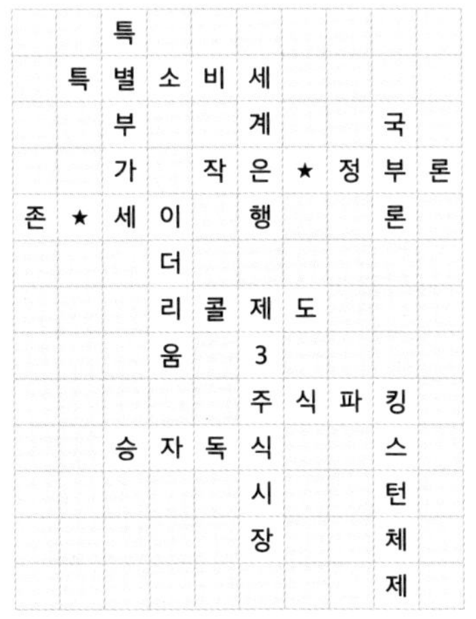

		특							
	특	별	소	비	세				
		부			계			국	
		가		작	은	★	정	부	론
존	★	세	이		행			론	
			더						
			리	콜	제	도			
			움		3				
					주	식	파	킹	
		승	자	독	식			스	
					시			턴	
					장			체	
								제	

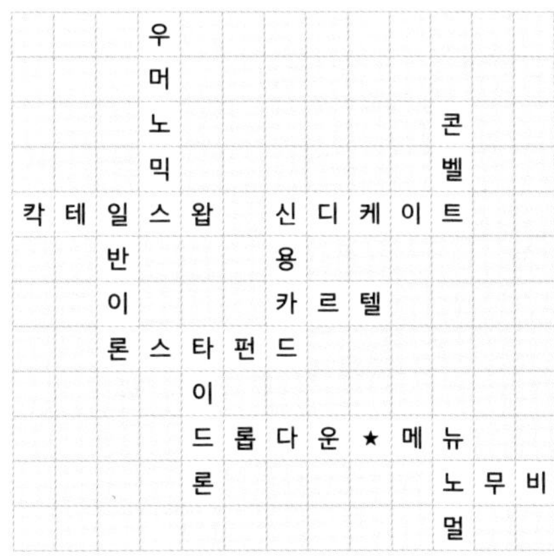

			우									
			머									
			노							콘		
			믹							벨		
칵	테	일	스	왑		신	디	케	이	트		
		반				용						
		이				카	르	텔				
		론	스	타	펀	드						
				이								
				드	롭	다	운	★	메	뉴		
				론						노	무	비
										멀		

	스	시	지	수				
		장						
중	상	주	의	자				
위		의		본	질	가	치	
소		자		론		이		
득						던		
			캐	리	코	스	트	
			시		리			
			플		안	목	치	수
			로		페			
			우		이			
				래	퍼	곡	선	

			저	가	주	의			
			출				단		
	저	출	산	현	상		순	수	출
	당			금			경		
	증			영	업	외	비	용	
	권			수			율		
				증	자				
					산				
	욜				균	등	할		
글	로	벌	불	균	형				
	족				설				

9 10
11 12

								흑			
		폴						자			
		★						재	정	파	탄
키	뱅	크		서				정		이	
덜		루		비						낸	
트		그	린	스	펀	★	베	이	비	스	텝
		먼		수					탄		
				지			경		력		
							상	품	수	지	
							수		요		
				국	제	수	지				

		어	음	교	환	소							
		닝		토									
		★		협		탄							
		서		약		력							고
		프				근							령
		라				무	의	식	★	소	비		화
협	력	이	익	공	유	제					교		★
		즈			엔						우		사
							금	융	감	독	위	원	회
									세		론		
									정				
						재	정	정	책				

13 14
15 16

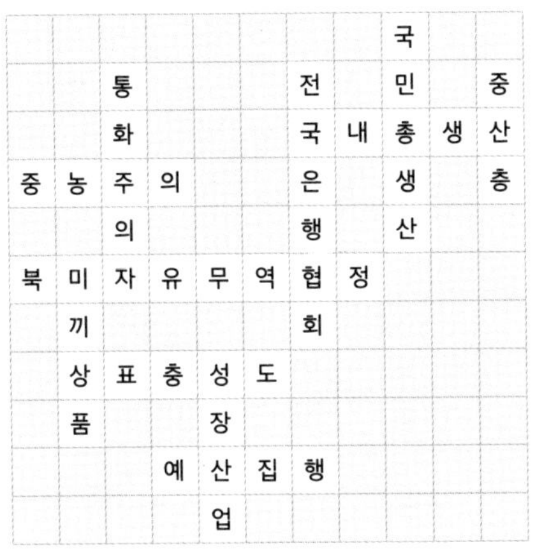

								국		
		통				전		민		중
		화				국	내	총	생	산
중	농	주	의			은		생		층
		의				행		산		
북	미	자	유	무	역	협	정			
	끼					회				
	상	표	충	성	도					
	품			장						
			예	산	집	행				
				업						

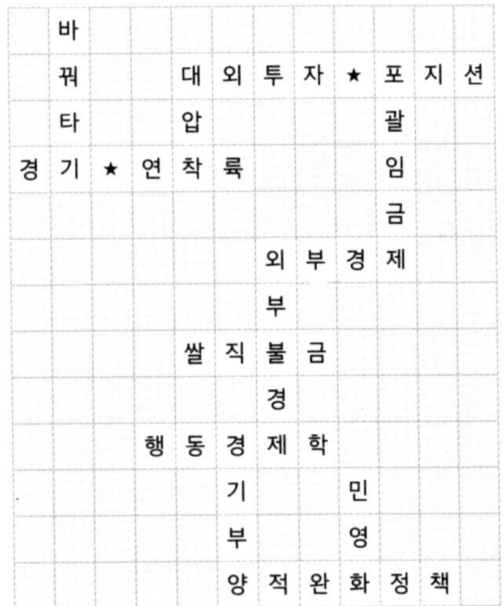

	바										
	꿔			대	외	투	자	★	포	지	션
	타			압					괄		
경	기	★	연	착	륙				임		
									금		
						외	부	경	제		
						부					
				쌀	직	불	금				
						경					
			행	동	경	제	학				
					기			민			
					부			영			
					양	적	완	화	정	책	

	타			드							
	깃			라							
	★		레	이	저	티	닙				
	데			브							
차	이	나	리	스	크						
	트			루		키		키	친	파	동
	펀					메		오		랑	
	드	라	마	★	프	라	이	스		새	
			냐					크		★	
			냐							증	
			★							후	
			경	기	변	동				군	
여	신	규	제								
			론								

							플	렉	스	타	임	제
							랫				피	
							폼				현	
			파	산	전	환	사	채			상	
			리		자		업					
외	환	위	기		화							공
			후		폐	기	물	★	무	역		유
			협						민			경
	감	세	정	책					세	액	공	제
		무							대			
		부										
		기	초	생	활	수	급	자				

17 18 19 20

						페					
						티			실	학	
떳				말	뫼	의	★	눈	물		
다				러		★			화		
방	카	쉬	랑	스		법			폐		
	멜					칙					
	레							보			
	온				생	명	보	험			
	펀	드	★	결	산			회	계	거	래
	드				성			사			
					★						
					향						
		분	양	가	상	한	제				

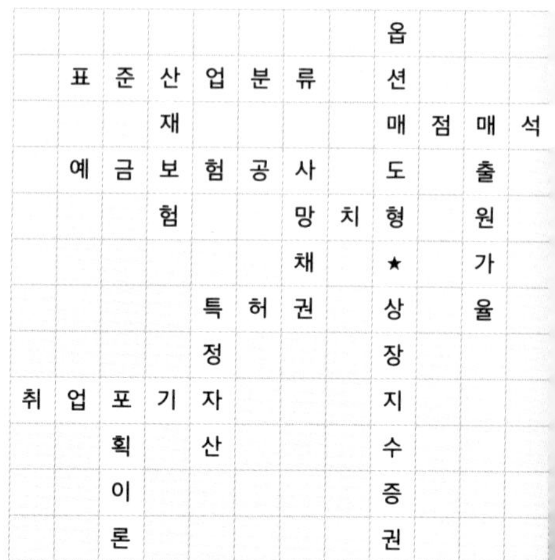

								옵			
	표	준	산	업	분	류		션			
			재					매	점	매	석
	예	금	보	험	공	사		도		출	
			험			망	치	형		원	
						채		★		가	
				특	허	권		상		율	
				정				장			
취	업	포	기	자				지			
		획		산				수			
		이						증			
		론						권			

					니			
		스	테	이	케	이	션	
					이			
		플			지			
		라	떼	지	수			
		세						
바		보						
쿠		소	득	재	분	배		
가	심	비			산			
이					투			
					자	본	도	피
						질		
						가	성	비
						치		

				마	천	루	의	★	저	주	
				이						가	
		지	멘	스	공	장		조	세	수	입
		체		산						익	
		상		업				부	양	비	
공	과	금						실		율	
급			엔					여			
과			젤			개	인	신	용	등	급
잉	여	생	산	물					도		
			업						변		
									경		

						미					
			우	버	택	시				노	
			선			경	제	활	동	인	구
			협			제				★	
			상							장	
	티		대	외	채	무			전	기	차
	슈		상							★	
1	인	당	국	민	소	득		단		요	
	맥				확			순		양	
					행			신		보	
							고	용	보	험	
								장			

									신	용	장
						광			용		
						주	주	총	회		
		티				형			복		
		핑				★					
		포				일					
월		인				자	유	재			
스	마	트	★	팩	토	리					
트					지						
리					초			좀			
트					과	시	소	비			
					이			족			
					득						
			직	접	세						

21 22
23 24

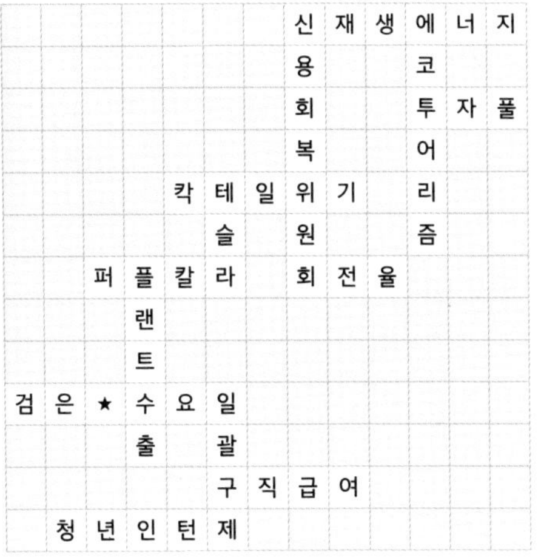

							신	재	생	에	너	지
							용			코		
							회			투	자	풀
							복			어		
				칵	테	일	위	기		리		
					슬		원			즘		
		퍼	플	칼	라		회	전	율			
			랜									
			트									
검	은	★	수	요	일							
			출		괄							
					구	직	급	여				
	청	년	인	턴	제							

더												
블	록	체	인									
딥			터	너	리	포	트			아	웃	렛
			넷					원		베		
			뱅	크	런		슬	리	포	노	믹	스
			킹		던			금		믹		
					금			균		스		
					속			등				
					거	치	식	상	환			
					래			환				
			실	질	소	득						

				그	린	소	비	자					
				린									
				벨		기							
		나	이	트	트	레	이	더			엔		블
		홀				기		블	랙	엔	젤		루
앤	드	로	디	지	더			★			펀		칼
여		족						위		골	드	칼	라
왕								칭					
법								데					
				서	킷	브	레	이	크				

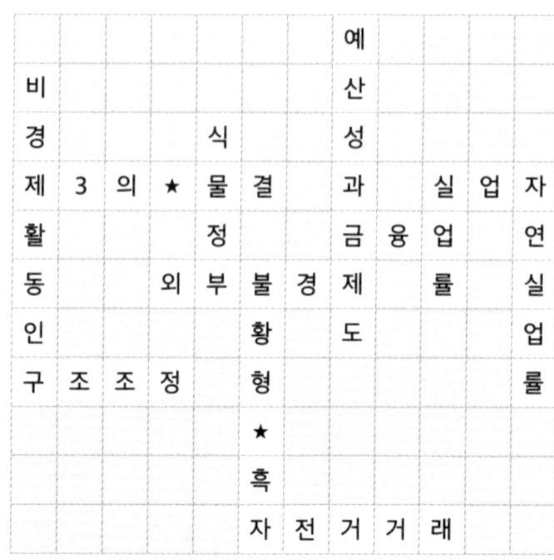

							예				
비							산				
경				식			성				
제	3	의	★	물	결		과		실	업	자
활				정			금	융	업		연
동			외	부	불	경	제		률		실
인					황		도				업
구	조	조	정		형						률
					★						
					흑						
					자	전	거	거	래		

25 26
27 28

									초		
							갈	등	고	객	
			아			작			령		
			빠			전	수	조	사		
지	브	리	의	★	저	주			회	계	사
	릭		★		축						회
	스		달		성						안
	펀			정	보	통	신	기	술		전
카	드	깡			험						망

							화	폐	가	치	
고	독	한	★	군	중					외	
		정			국	회	선	진	화	법	
		의			강					권	
		견			제						
					인	구	총	조	사		
		디			증						
		지	불	결	제	사	업	자			
		털						금			
		원						세	금	폭	탄
		주						탁			
		민									

양	도	차	익									
해		금										
각		결	합	개	발							
서		제		발								
	한			신	용	한	도					
	은	행	신	탁		국		수	요	독	점	
	전					★			람			
	산					수			에	코	부	머
	망				수	출	허	가	서			
						입			★			
						은			무			
						행			덤			
									까			
									지			

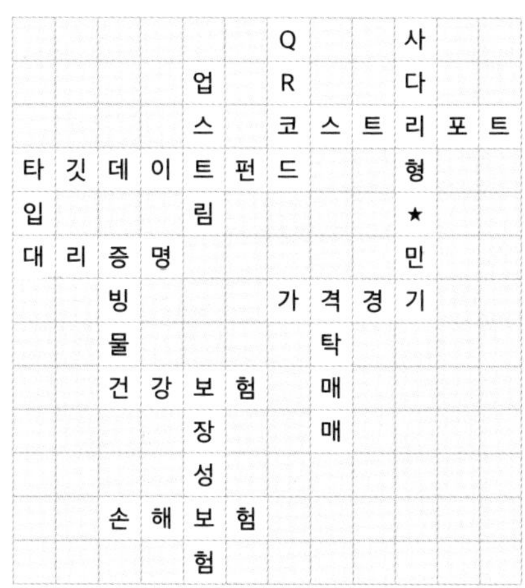

						Q			사		
				업		R			다		
				스		코	스	트	리	포	트
타	깃	데	이	트	펀	드			형		
입				림					★		
대	리	증	명						민		
		빙				가	격	경	기		
		물					탁				
		건	강	보	험		매				
				장			매				
				성							
		손	해	보	험						
				험							

29 30
31 32

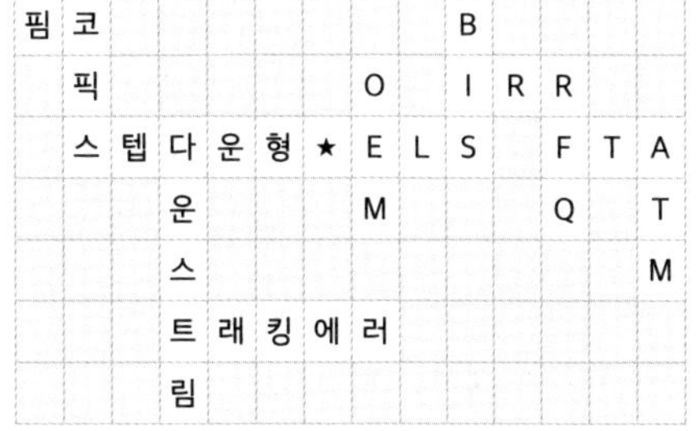

핌	코								B				
	픽						O		I	R	R		
	스	텝	다	운	형	★	E	L	S		F	T	A
			운				M				Q		T
			스										M
			트	래	킹	에	러						
			림										

		종			노								
		량			동								
갑	근	세			숙		청			폰			
	로				련		년			지			
상	장	★	적	격	성	★	실	질	심	사			
	려						업			기	대	위	험
원	금	균	등	상	환						출		
샷			기								자		
법			필	터	이	론					시		
			증								장		

						서			
						울			
						페		숏	
					나	이	키	커	브
					토			버	
	하	늘	개	방	정	책		링	
	도		발		상				
	급		비		회	계	기	준	
					의		능		
							적		
				회	전	문	관	객	
				계			계		
리	카	도	대	등	정	리			
				식					

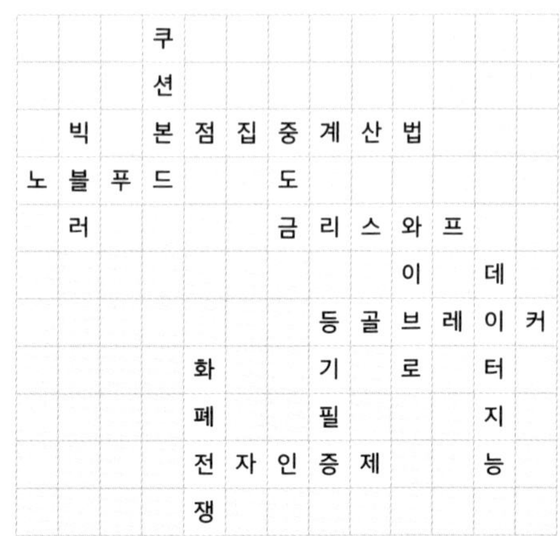

33 34
35 36

					애							
전	력	공	급	예	비	율			위			
자		경			효				약	식	명	령
책		매	수		과	밀	부	담	금			
			소			레		보				
			경			니		취				
팬	덤	경	제			얼		득				
								제				
							번	한	지	표		

								균					
								등	기	부	등	본	
								화		동		부	
								★		산		승	
								처		실		인	
		긱						분		명	목	금	리
		이						★		제		리	
		코						가					
		노	동	집	약	도		능					
		미				매	너	소	비	자			
케			대	량	매	매		득					
렌			형										
시	장	가	주	문									
아													

											언	
			닷								택	
			컴	퓨	팅	사	고				트	
			버				압		Z		★	
튤	립	버	블				력		세	포	마	켓
					필	환	경	시	대		케	
					요		제			채	팅	봇
					한							
					★							
	조	세	피	난	처							
					분							
투	티	키	데	스	의	★	함	정				
					★							
					청	산	거	래				
					구							

R	E	-	100											
	B											젠		
	5	스	크	린	서	비	스				뉴	트	로	
							텔					리		
			갈	라	파	고	스	증	후	군		피		
				운			통		분			케		
	나			징			장		양	손	잡	이	조	직
	나	오	머	족					제			션		
	랜								도					
	드													

37 38
39 40

	슬		슈											
프	로	젝	트	★	룬									
	컬		어											
	리		드										신	
	제		쉽					감	축	목	표		주	
	이		코	펜	하	겐	협	정			적	극	매	수
	션		드		울			대			덤		출	
								리			핑			
	검	은	머	리	★	외	국	인						
			니											
			게											
			임											

			케									
공	적	★	이	전	소	득						
			맨					큐				
미	중	경	제	★	안	보	검	토	위	원	회	
닝			도		정			크			색	
아					성		워	라	벨		코	
웃					비			시			뿔	
	과	표	적	용	율				아	웃	소	싱
			자									
	잠	재	성	장	률							
			채									
			무	역	기	술	장	벽	협	정		

			조							
			공	인	인	증	서			
			팬			권				
			질			거	미	집	이	론
						래				
계					Y	세	대			
절							동	맹	파	업
주	택	임	대	차	보	호	법		괴	
			마						적	
			불						★	
			사	물	인	터	넷		혁	
									신	

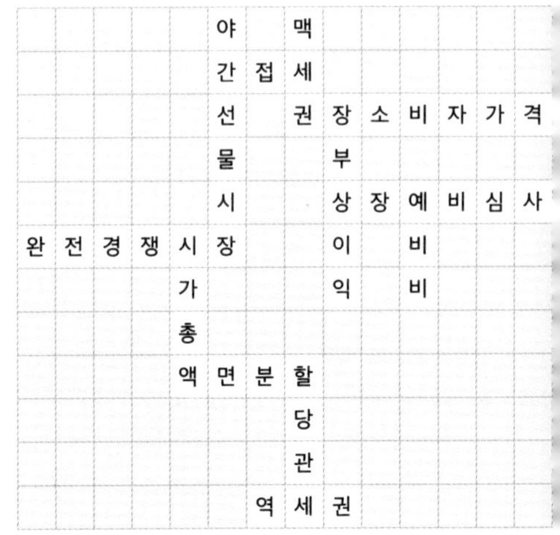

					야		맥						
					간	접	세						
					선		권	장	소	비	자	가	격
					물			부					
					시			상	장	예	비	심	사
완	전	경	쟁	시	장			이		비			
				가				익		비			
				총									
				액	면	분	할						
							당						
							관						
						역	세	권					

41 42
43 44

특				3				
수				D	D	R	4	
고	배	당	기	업				
용				종				
직	장	폐	쇄					
	부							데
	상	장	예	비	심	사		스
	이				리			벨
	익				계	열	분	리
					좌		리	
							재	
	노	동	집	약	적	★	산	업

										실
										손
										보
					지	각	된	★	위	험
				킥					안	
세	일	&	리	스	백		벌	크	화	물
	대						처			
	일						펀	드	런	
	로	고	리	스	브	랜	드			
		용		탁						
		률		론						

45 46 47 48

		포				노					
		미	스	터	리	쇼	퍼				
카	칭	족					스				코
멜			베		W		널				넥
레	귤	레	이	션	T		마	스	터	리	스
존			비		O		케			프	
			푸				팅			로	
		에	어	드	랍					파	
										일	
										링	

			아	세	안	+3								
	코		폴		전						개			
	슈		로		통						인			
	메		신		화	폐	개	혁			정			
온	디	맨	드		의		발				보	세	가	공
	컬		롬		★		제				★			
					저		한	국	무	역	보	험	공	사
			헤	지	주		구		상		호			고
							역		소		법			증
									각					권

캐	피	탈	콜								
	케		프			몰	입	상	승		
	팅		리	쇼	어	링		어			
			미			족		감	정	평	가
			엄					시			
							민	자	도	로	
									시		
									기		
								캣	본	드	
									계		
						경	제	계	획		

									팝				
									콘				
							유	튜	브				
				앵					레				
				커	미	티	드	라	인				
패	스	트	힐	링		저							
		위				광							
		스				고	정	이	하	여	신		
		트							드				
		마							브				
		케							렉				
		팅							시	간	외	매	매
									트			도	
												헤	
									타	이	거	지	수

			북	방	경	제	권			
			극				리			
			항				분	할	상	환
민	자	도	로				석			
	급				특					
	자	녀	보	육	수	당				
	족				목					
			잠	재	적	★	실	업		
					법		거			
		뱅	크	사	인		래			
							가	치	사	슬
							상			
							환			
							제			

49
50

		버	블	아	웃			잠	자	는	★	미	녀
		냉							금				
		키	티	맘					사				
		랠							정				
	트	리	플	악	재				지				
					판	매	가	격	표	시	제		
					매		젤						
		기	명	채	권		기						
				찍			업						
		왝		효									
캘	린	더	효	과									
		독											

NEW
OPEN
SALE
%

부록

용어 해설

거미집 이론 cobweb theorem

미국의 계량경제학자 바실리 레온티예프 등에 의해 1934년 정식화된 거미집 이론은 가격과 공급량의 주기적 변동을 설명하는 이론이다.

가격과 공급량을 나타내는 점을 이어보면 눈금이 거미집 같다고 하여 거미집 이론이라고 한다. 이 대응 경로는 공급과 수요의 탄력성의 관계에 따라 수렴형, 발산형, 순환형으로 나눌 수 있다.

골드만삭스

독일계 유대인 마르쿠스 골드만이 세운 어음 거래 회사로 시작해 현재는 금융시장뿐만 아니라 석유사업을 비롯해 다양한 사업을 하고 있다. CEO는 대부분 유대인들이었으며 투자, 자문, 자금 조달 서비스 등의 종합 금융 서비스를 제공하고 있다.

유럽 금융위기의 주범으로 지목되고 있으며 이로 인해 2013년 최악의 기업 순위에서 2위에 뽑혔다. 수익을 위해서는 금융장부도 조작했던 과거가 있다.

골드만삭스 본사

골드칼라

두뇌와 정보로 새로운 가치를 창조하여 정보화 시대를 이끌어가는 전문직 종사자로 이루어진 신흥 지식 노동자 계층.

과거에는 육체 노동자를 상징하는 블루칼라와 사무직 노동자를 상징하는 화이트칼라의 시대였다면 정보화 시대에는 지식과 정보가 부의 원천이 된다. 골

드칼라로 불리는 사람들로는 항공 우주, 생명 공학, 유전 공학 등에 종사하는 사람들이 있다.

구성의 모순

경기나 공연을 관람할 때 앞쪽에 앉은 사람들이 더 잘 보기 위해 일어선다면 뒤에 앉은 사람들은 잘 보이지 않아 그들도 일어나게 되면서 전체적으로 질서가 무너져 모든 사람이 관람하기 힘들게 되는 현

인상주의 화가 던컨 그랜트(왼쪽)와 경제학자 존 케인스(오른쪽)

테니스 경기를 관람 중인 관객들

상처럼 개별적으로는 타당한 이야기가 전체적으로 보면 틀리는 현상을 '구성의 모순'이라고 한다.

경제학자인 존 메이너드 케인스John Maynard Keynes는 '절약의 역설'을 통해 이를 설명했다. 개인이 절약하고 저축을 많이 하면 그 개인에게는 재산이 늘어나는 좋은 일이 생기지만, 이런 국민이 많아져서 소비하지 않고 저축한다면 물건이 팔리지 않아 재고가 쌓이면서 경제가 침체되고 이는 기업의 손해로 돌아와 기업의 재정이 어려워지고 이에 따라 노동자 감축 등이 일어나게 되면 국민소득은 감소하게 되면서 경제가 침체된다고 해석했다.

나나랜드

남과 나를 비교하지 않고 나답게 사는 사람을 의미한다. 라라랜드에서 파생된 용어로 2019년 트렌드로 뽑혔다.

나를 중심으로 생각하며 있는 그대로의 나를 표현하는 것이 나나랜드이다.

나이키 커브 Nike Curve

경기가 빠르게 침체된 후 바로 회복되지 않고 매우 완만하게 오랜 시간에 걸쳐 회복되는 모습이 나이키 로고와 비슷하다고 해서 나이키 커브라고 부른다.

나이키 커브

대압착

1930~50년대 미국에서 증세 등을 통한 강력한 조세정책을 시행해 부유층과 저소득층 사이의 소득 격차 및 근로자 간 임금 격차를 좁힌 뉴딜정책을 말한다.

뉴딜정책 기념 우표

원리는 간단하다. 바닥은 높이고 천정은 낮추는 것이 '대압착 전략'으로, 그 결과 미국 사회는 중산층이 두터워졌다. 하지만 1980년대에 신자유주의가 등장하면서 불평등이 다시 증가했고 대압착 시대는 막을 내렸다.

데이비드 리카도 David Ricardo

영국의 경제학자. 우연히 읽게 된 애덤 스미스의《국부론》에 영향을 받아 경제학을 연구하게 되었다.
애덤 스미스가 고전 경제학을 학문으로 올렸다면 데이비드 리카도는 고전 경제학을 완성한 경제학자로 불린다. 그는 자본주의적 생산을 설명하기 위해 상품 생산에 투여된 노동량이 상품의 가치를 결정하는 중요 요소라고 주장했다.

데이비드 리카도

드라이브스루 drive through

맥드라이브

맥도널드의 맥드라이브처럼 차에 탄 채 주문하고 주문한 상품을 받을 수 있는 드라이브스루는 간편함을 추구하는 현대의 특성이 반영된 소비 형태이다.
현재 다양한 상품에 적용되고 있으며 일본에서는 차 안에서 부조금과 분향을 하는데 3분밖에 걸리지 않는 드라이브스루 장례식장이 선보여 이목을 끌고 있다고 한다.

드롭다운 메뉴 drop-down menu

풀다운 메뉴라고도 부른다. 컴퓨터 다이얼로그 박스에 표시된 주 메뉴를 선택하면 주 메뉴에 들어 있는 하위 메뉴들이 오른쪽 그림처럼 나타나는 형태의 메뉴 표시 방식.

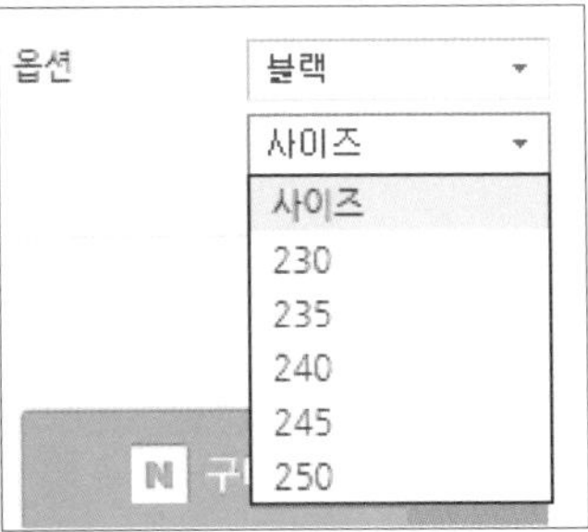

드롭다운 메뉴의 예.

래퍼곡선 Laffer curve

미국의 경제학자 아서 래퍼Arthur Betz Laffer가 미국은 세율이 너무 높아 세율을 낮추면 세수가 증가할 것이라면서 보여준 그래프가 래퍼곡선이다. 세율의 인하가 조세수입의 증대를 가져와 재정적자를 줄일 수 있다는 것으로, 감세는 노동의 공급량을 증가시킨다는 주장은 공급 경제학으로 알려지게 되었다.

로널드 레이건
전 대통령

이는 로널드 레이건 대통령 후보의 관심을 끌어 1980년 대통령 선거 때 감세 정책을 내세우게 된다. 하지만 대통령이 된 레이건의 감세 정책은 세수의 증대가 아니라 감소를 불러왔다.

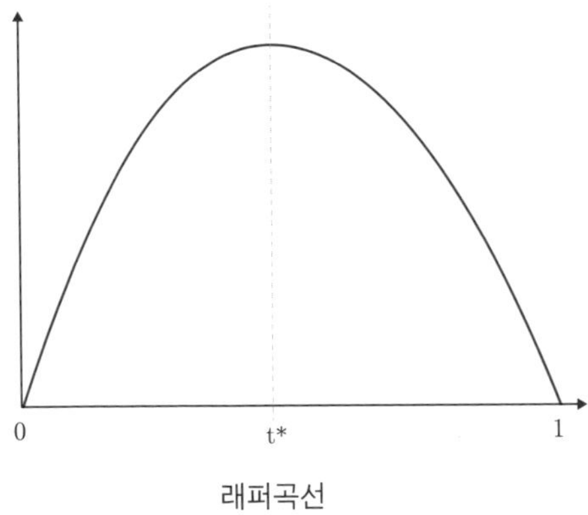

래퍼곡선

레이저티닙 Lazertinib

기존 치료제에 내성이 생긴 비소세포폐암을 치료하는 신약 후보물질로 유한양행이 2015년 7월 바이오벤처 오스코텍에 15억 원을 지불하고 물질과 특허권을 이전받는 형식으로 레이저티닙 기술을 사들였다. 그리고 2018년 11월 5일 글로벌 제약사 존슨앤드존슨의 자회사인 얀센바이오테크와 레이저티닙(프로젝트명 YH25448)의 기술수출 계약을 맺었다고 공시했다.

마냐냐 경제론

스페인어로 '내일'이라는 뜻을 가진 마냐냐는 노력만 하면 모든 것이 해결될 것이라고 믿는 스페인 사람들의 믿음을 나타내는 단어이다. 여기에서 유래한 마냐냐 경제론은 내일은 언제나 태양만 뜬다는 낙관적 경제관이 담긴 경제론이다.

마냐냐 경제론은 노력하면 해결된다고 믿는다

마천루의 저주

초고층 건물을 짓는 국가는 그 후 최악의 불경기를 맞이하게 된다는 가설을 말한다.

도이치뱅크의 분석가 앤드류 로런스가 1999년에 100년간의 사례를 분석해 내놓은 가설로, 통화정책 완화 시기에 초고층 빌딩이 지어지기 시작하는데 완공 시점이 오면 경기는 과열되어 정점에 오르면서

버블이 꺼지고 경제는 불황을 맞게 된다는 이론이다.
실제로 미국 뉴욕의 크라이슬러 빌딩과 엠파이어스테이트 빌딩이 완공될 무렵인 1930년과 1931년 무렵 세계 대공황이 시작되었고, 1970년대 중반에는 뉴욕의 세계무역센터와 시카고 시어스타워가 건설되자 오일쇼크가 일어났으며, 1997년에는 말레이시아의 페트로나스타워가 세워진 후 아시아 전체가 외환위기를 겪었다. 이밖에도 대만과 아랍에미리트에서도 초고층 건물들이 들어선 후 경기 침체에 빠지거나 파산 선언을 한 사례들이 있다.

말뫼의 눈물 Tears of Malmoe

스웨덴 말뫼의 세계적 조선업체 코쿰스Kockums가 문을 닫으며 내놓은 코쿰스 크레인을 현대중공업이 해체비용 부담을 조건으로 1달러에 사들여 해체부터 시운전까지 총 220억 원을 들여 현대중공업 육상

스웨덴 말뫼의 코쿰스 크레인

건조시설 한복판에 둔 골리앗 크레인의 별칭이다.
2002년 코쿰스 크레인의 마지막 해체 작업과 배에 실려 바다로 사라지는 모습이 장송곡과 함께 스웨덴 국영방송에서 방영하면서 '말뫼의 눈물'로 불리게 되었다.

망치형

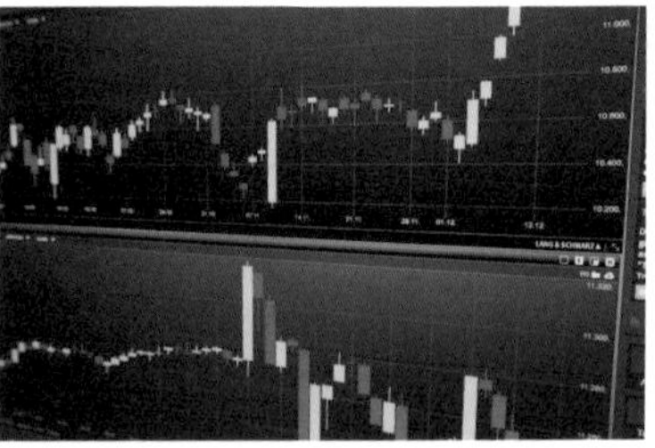

망치형과 교수형이 보인다

주가가 하락하는 장에서 주로 나타나는, 몸통이 작고 아래 꼬리가 긴 그림자를 이루는 상태를 망치형이라고 한다. 반대로 주가가 상승하면서 나타나는 몸통이 작고 아래 꼬리가 긴 그림자를 교수형이 라고 한다.

무의식 소비

영화를 보거나 음식점에 가서 음식을 주문할 때 너무 많은 정보 속에서 무얼 선택해야 할지 몰라 아무 이유 없이 선택함으로써 심리적 스트레스를 받게 되는 경우가 있다.
우리는 이에 대한 방어로 원조를 찾거나 대표상품을 선택하거나 상중하의 상품 중 중의 상품을 선택하는 등 선택 오류의 위험으로부터 자신을 보호하기 위해 무난한 것을 찾는 무의식적 소비를 하게 된다.

미끼상품

로스리더, 특매상품, 유인상품, 특수상품 등으로도 불리며 유통업체들이 원가보다 더 싸게 팔거나 일반 판매가보다 훨씬 싼 가격으로 판매해 많은 고객을 끌어 모으는 것이 목적이다.
보통 이름이 알려진 브랜드를 기간 한정 특별세일이나 수량 한정 특가세일하는 방법으로 백화점이나 마트 등에서 이용한다.
해당 제품만 본다면 손해일 수 있지만 그 제품 하나만을 사는 소비자보다는 다른 제품까지 구매하는 소비자들이 더 많기 때문에 전체 매출액은 늘어나 유통업체들이 자주 쓰는 방법이다.

밀레니얼 세대

1980년대~2000년대 초까지 출생한 세대로 SNS에 능숙하며 온라인 쇼핑과 게임을 하고 컴퓨터에 능숙해 테크 세대라는 별명도 갖고 있다. 미국 세대전문가인 닐 하우와 윌리엄 스트라우스의 저서《세대들, 미국 미래의 역사(Generations:The History of America's Future)》에서 처음 언급되었으며 2000년 이후 성인이 되어 '새천년 세대'라고도 부른다.
이들은 2025년이 지나면 지구 인구의 반을 차지하게 될 것이며 제4차산업혁명의 주역이 될 것으로 보고 있다.
'9시 출근, 6시 퇴근, 야근 없고 모든 공휴일과 휴일을 쉴 수 있으며 회식 없는 회사지만 월급이 200인 회사'와 '8시 반 출근 8시 퇴근, 휴일에도 종종 나와야 하고 주에 1번의 회식이 있지만 월급 300인 회사' 중 어느 회사를 고를지에 대한 의견을 묻는다면 개인의 삶이 보장되고 개인 프라이버시가 존중되는 앞의 회사를 고른다는 것이 이 밀레니얼 세대이기도 하다.

밀레니얼 세대는 SNS 세대로도 불린다

바쿠가이

일본에서 명품부터 일용품까지 다양한 상품을 한 번에 대량 구매하는 중국인 관광객의 '싹쓸이 쇼핑'을 뜻하는 일본 신조어. 중국인 관광객이 2015년 2월 춘절 휴가에만 쓴 금액이 약 1140억 엔을 기록했다고 한다.

뱅크런 Bank Run

금융 시장이 불안하거나 거래 은행의 재정 상태가 좋지 않을 때 예금자들이 한꺼번에 몰려들어 예금을 인출하려다가 은행의 자금이 바닥나면서 맞게 되는 패닉현상을 뱅크런이라고 한다.
우리나라에서는 2011년 저축은행 뱅크런 사건이 있었다. 예금보험공사에서는 뱅크런으로 인한 은행의 위기를 막기 위해 은행이 파산하더라도 5,000만 원까지는 보호해주는 예금자보호법을 시행하고 있다.

1914년 뉴욕 시티은행의 뱅크런 사태 당시의 모습

베버리지 William Beveridge

베버리지

영국의 경제학자. 제2차 세계대전 중인 1942년에 사회보장 제도에 관한 이른바 베버리지 법안을 제안했다. 그의 보고서는 종전 후 가족수당법(1945), 국민보험법, 국민산업재해법, 국민보건서비스법(이상 1946), 국민부조법(1947), 아동법(1948) 등 많은 사회보장제도가 성립될 수 있었던 근거가 되었으며 영국은 '요람에서 무덤까지'라는 영국 사회보장 체계의 기초를 세울 수 있었다.

브릭스펀드 BRICs fund

2000년대 이후 신흥경제대국으로 성장하던 중국, 러시아, 인도, 브라질을 묶어 브릭스라고 한다.

중국, 러시아, 인도, 브라질의 화폐들

2000년대 초반에는 높은 수익률을 기록했지만 브릭스 투자 붐을 일으킨 골드만삭스자산운용이 2015년 10월 브릭스펀드 간판을 내리면서 예상과 다른 브릭스 국가들의 저조한 경제성적과 향후 전망 때문에 '브릭스 시대는 끝났다'는 평가를 받았다.

블록체인 Block Chain

공공거래장부라고도 부른다. 누구나 열람할 수 있는 장부에 거래 내역을 투명하게 기록하고, 여러 대의 컴퓨터에 이를 복제해 저장하는 분산형 데이터 저장기술로, 중앙 집중형 섭버가 아니라 거래에 참여하는 모든 사용자에게 거래 내역을 보내주기 때문에 위조나 변조를 할 수 없다.

이미지화된 비트코인

사물인터넷 Internet of Things

'사물들things'이 '서로 연결된Internet' 것 혹은 '사물들로 구성된 인터넷'을 말하는 사물 인터넷은 세상에 존재하는 유형 혹은 무형의 객체들이 다양한 방식으로 서로 연결되어 개별 객체들이 제공하지 못했던 새로운 서비스를 제공하는 것을 말한다.

사물인터넷의 세상에서는 직접 불을 끄거나 켜지 않아도 되며 온도 조절과 엘리베이터 요청 등 모든 것이 알아서 세팅되는 편리한 세상을 구현시켜 준다.

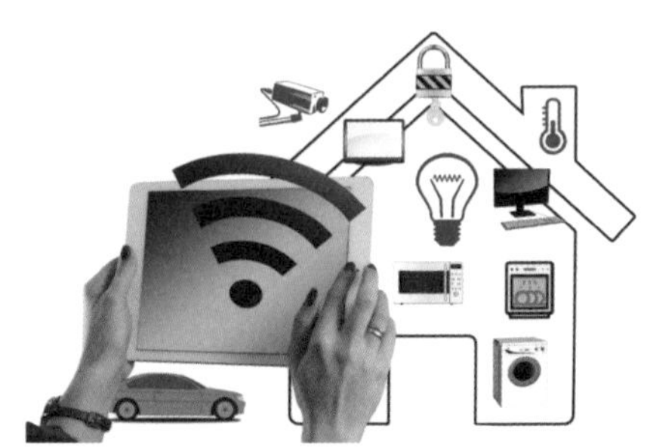

서울페이

서울시에서 준비 중인 소상공인 결제서비스. '제로페이 서울'로 홍보하고 있으며 결제 수수료 부담을 줄이기 위해 서울시와 정부, 은행, 민간 간편 결제 사업자가 함께 협력해 도입한 모바일 간편 결제 서비스다. 18개의 시중 은행 등 기존에 사용하고 있던 스마트폰 간편결제 앱을 이용해 계산대에 있는 QR코드를 찍은 후 금액을 입력하면 결제된다. 소비자 계좌에서 판매자 계좌로 금액이 이체되는 방식이라 수수료 부담을 낮출 수 있다

서울페이 홈페이지

서킷브레이크 circuit breakers

전기 회로에서 서킷 브레이커가 과열된 회로를 차단하듯, 주식시장에서 주가가 갑자기 급락하는 경우 시장에 미치는 충격을 완화하기 위해 주식매매를 일시 정지하는 제도로 '주식거래 중단제도'라고도 한다.

스마트 팩토리

인더스트리 4.0Industry 4.0으로 인해 제조 장비와 물류 시스템들이 사물인터넷 즉 정보통신기술(ICT)이 적용되어 인간의 개입 없이 폭넓게 자율적으로 조절되고 운용되는 공장을 말한다.
노동력이 부족한 농업 분야를 비롯해 다양한 산업 분야에서 활용되어 제4차 산업혁명을 불러올 것으로 보고 있다.

스시지수 Sushi Index

일본 가정에서 저렴한 고등어 대신 참치로 초밥을 만들기 위해 얼마나 많은 참치를 소비하는지를 기준으로 파악하는 일본 경기 지수

참치 소비가 많다면 일본 경기 지수는 호황이다.

아빠의 달 Father's month

같은 자녀에 대해 아내가 육아휴직을 사용하다가 남편이 이어받아 사용할 경우 남편의 첫 3개월 육아휴직 급여를 통상임금의 100%까지 지원하는 제도. 단 육아기에 근로시간 단축을 사용한 경우에는 지급 대상이 될 수 없으며 부부는 순차적으로 사용해야 하며 2016년 1월 태어난 자녀에 대해서는 두 번째 육아휴직을 사용한 근로자에게만 아빠의 달 3개월이 적용된다. 2018년 7월부터 150만 원에서 200만 원으로 인상되었다.

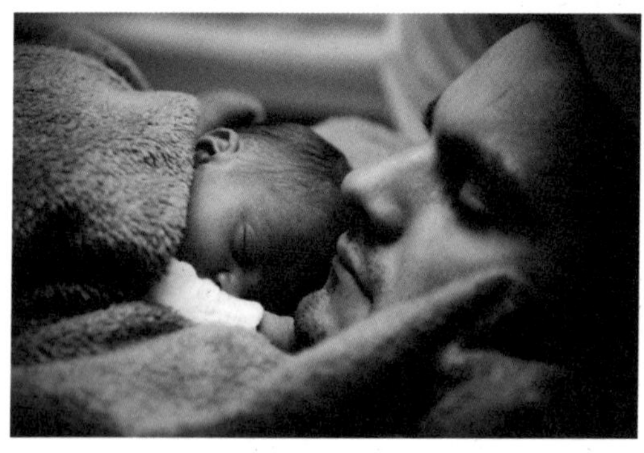

아웃렛

판로라는 뜻을 가진 outlet에서 나왔다. 80년대 초 미국에서 '재고상품을 싸게 파는 전문점'으로 아웃렛 스토어란 용어를 쓰면서 널이 이용되기 시작했다. 백화점이나 제조업체에서 자사의 제품 또는 직매입한 상품을 정상판매한 뒤 남은 비인기상품, 하자상품, 재고상품을 정상가보다 더 저렴하게 판매하는 전문적 판매처를 열면서 아웃렛의 범위가 광범위해졌다. 우리나라에서는 이랜드의 '2001 아웃렛'이 최초이며 의류업체, 가구업체를 비롯해 롯데아웃렛, 현대아웃렛 등이 있다.

욜로족 YOLO

You Only Live Once의 약자. 불완전한 미래를 위해 현재를 희생하기보다는 지금을 느끼고 누리며 행복을 추구하자는 신조어.

워라밸

'일과 삶의 균형'이라는 의미인 'Work-life balance'의 준말.

인더스트리 4.0 industry 4.0

4차산업혁명의 시발점이 된 독일의 제조업 성장 전략. 정보통신기술(IT 시스템)과 제조업의 융합을 통해 완전 자동 생산 체계의 구축과 전

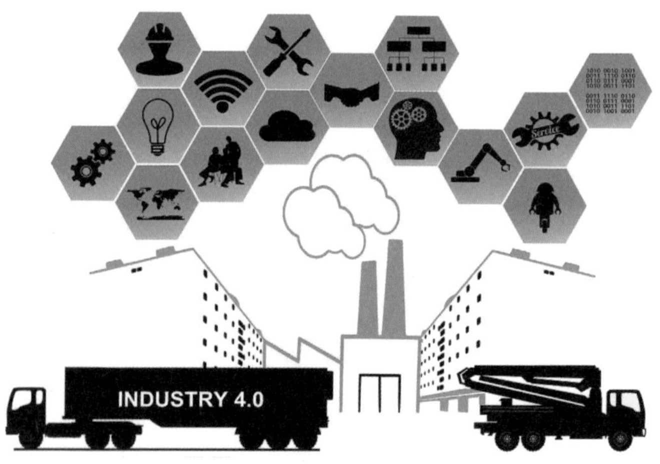

체 생산과정의 최적화를 목표로 하는 산업생산시스템이다.
이는 인구 감소로 인한 노동력 부족과 인건비 절약을 통해 경쟁력을 높인다는 목적도 들어 있다.

일대일로 전략

내륙과 해상을 잇는 실크로드경제벨트를 세우겠다는 중국의 새로운 실크로드 전략 구상. 2013년 시진핑 주석이 제안해 2014부터 2049년까지 고대 동서양의 교통로인 현대판 실크로드를 다시 구축해, 중국과 주변국가의 경제 · 무역 합작 확대의 길을 연다는 대규모 프로젝트로 내륙 3개, 해상 2개의 총 5개 노선으로 추진되고 있다.
하지만 이 프로젝트에서 중국이 자금을 댄 34개국에서는 실크로드 길을 닦는 사업의 89%가 중국 자국 기업에 일감 몰아주기가 이루어지면서 경제적 실익 대신 다양한 부작용이 일어나고 있다.

중국은 일대일로 전략으로 전 세계에 걸친 중국의 영향력 확대를 도모하고 있다.

일반이론

20세기 전반의 대표 근대 경제학자 존 메이너드 케인즈의 저서《고용, 이자 및 화폐의 일반 이론》의 약칭이 일반이론이다. 이는 '케인스 혁명'이라 불릴 정도로 경제학계에 큰 충격을 준 이론으로, 현대 화폐 금융론과 거시 경제학의 기초가 정립되는데 큰 영향을 주었으며 이 이론의 핵심은 다음과 같다.

국민 경제가 항상 완전 고용 상태일 수는 없으며 불안정한 시장 경제 문제를 해결하기 위해서는 공익을 위해 헌신하는 합리적인 정부가 적극적으로 개입해야 한다.

이를 통해 존 케인스는 수정 자본주의의 기초를 세웠다.

자본론

'사회주의의 바이블'로 평가되는 칼 마르크스Karl Heinrich Marx의 저서《자본론》(원저명은《Das Kapital, Kritik der politischen Oeconomie》) 은 총 3권으로 이루어져 있지만 엄밀히 말해 마르크스가 직접 간행한 것은 제1권(1867)뿐이다. 그가 사망한 후 프리드리히 엥겔스가 마르크스의 유고를 정리한 것이 제2권과 제3권이다.

칼 마르크스 기념 우표

자본론 표지

장 바티스트 세이 Jean Baptiste Say

프랑스의 고전 경제학자. 애덤 스미스의 《국부론》에 감명 받아 경제학을 연구하게 되었다. 그는 저서 《정치경제학 Traité d'économie politique》에서 노동가치설 대신 생산비설을 부각시켜 기업가의 입장에서 경제를 바라보았다.
또한 그는 공급이 수요를 낳는다는 판로설을 주장했으며 이는 수요는 공급을 낳는다는 존 메이너즈 케인즈와 대척점에 있다.

제3의 물결

미국의 저널리스트이자 작가인 앨빈 토플러의 저서인 《제3의 물결》에서 소개되었다.
인류는 1만 년 동안 '제1의 물결' 시대였던 농경기술의 시대를 지나, 산업혁명으로 기술혁신을 이룬 '제2의 물결'을 300년 동안 경험했으며, 고도로 발달한 과학기술에 의해 '제3의 물결'이라 불리는 미증유의 대변혁을 맞이했다는 것이 《제3의 물결》의 내용이다.

카멜레존 Chamelezone

2019년 새 트렌드 키워드로 뽑힌 카멜레존은 카멜레온처럼 다양하게 변신하는 현대의 소비 공간을 뜻하는 신조어다. 온라인의 발달로 고객을 빼앗긴 오프라인 상점들의 위기의

북카페

식에서 탄생했으며 온라인에서는 경험할 수 없는 체험 공간을 마련하거나 다른 업종과 협업함으로써 다양한 소비 형태를 보여주고 있다. 대표적 예로는 북카페, 플래그십 스토어, 빨래방과 카페가 결합된 론드리스토어 등이 있다.

칵테일스왑 Cocktail swap

보통 스왑거래는 양자간 거래이지만 칵테일스왑은 3자 이상의 복수거래를 동시에 한다. 이 중에는 통화스왑거래와 금리스왑거래를 복합시킨 거래와 통화스왑거래를 3개 통화로 동시에 거래하는 삼각스왑거래 등이 있다.

칵테일스왑은 3자 이상의 복수거래를 말한다

키메라

그리스 신화 속 사자의 머리와 양의 몸통에 뱀의 꼬리를 한 괴물인 키메라가 그 어원이다. 서로 다른 종끼리 결합해 새로운 종을 만들어내는 유전학적 기술을 말한다.

키메라

키친파동 Kitchin cycle

미국의 조셉 키친이 발견한 경기의 단기파동으로서 평균 40개월을 1주기로 한다. 경제학에서는 6~10년을 주기로 하는 중기 파동인 주글라파동Juglar cycle을 주순환으로 하다가 1923년 키친이 발견한 단기 파동인 키친파동이 더해졌다.

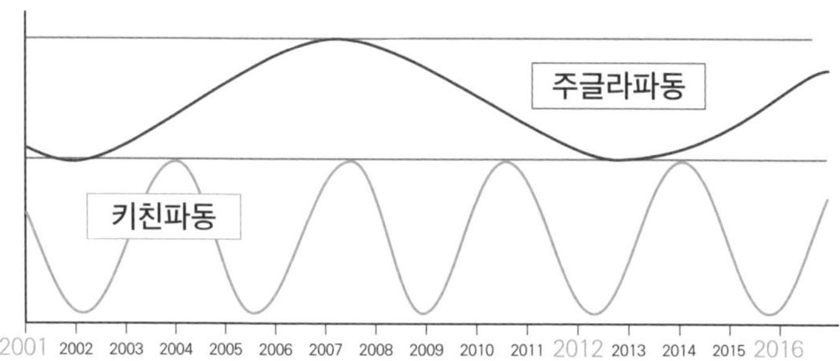

테슬라

전기차 및 리튬이온 배터리, 전기차에 사용되는 동력 엔진 등을 설계, 제작, 생산, 판매하는 전기 자동차 전문업체. 미국의 실리콘밸리를 기반으로 하고 있으며 우주여행 스타트업 스페이스X의 ceo이기도 한 엘론 머스크가 대표이다.

2012년에 내놓은 프리미엄 세단 모델S가 1회 충전으로 주행거리

전기자동차 충전소

전기자동차

400km를 넘으면서 시장의 폭발적인 반응을 얻었고 '슈퍼차저'의 도입으로 충전 속도 역시 획기적으로 끌어올렸다.

튤립버블

역사상 최초의 자본주의적 투기라고 하는 튤립 투기는 17세기 네덜란드에서 발생해 과열투기현상으로 발전했다. 당시 동인도회사와 풍부한 농작물 수확 등으로 부를 획득한 네델란드의 신흥 부자들을 중심으로 개인의 과시욕이 불붙으면서 튤립 투기가 발생해 1개월만에 50배까지 가치가 뛰었다. 하지만 네덜란드 법원이 튤립의 가치를 인정하지 않는다고 판결을 내리자 순식간에 거품이 꺼지면서 많은 이들이 파산했다.
이후 정보기술(IT)이나 부동산 거품 등이 부각될 때 튤립버블을 인용하고 있으며 자산 가격이 내재 가치에서 벗어나는 경제 거품을 가리킬 때도 사용되고 있다.

특별소비세

부가세와 함께 대표적인 간접세이다. 최근 개별소비세로 명칭이 바뀌었으며 특정 과세대상에 부과되는 세금이기 때문에 조세평등에 반하는 세금으로 평가된다.

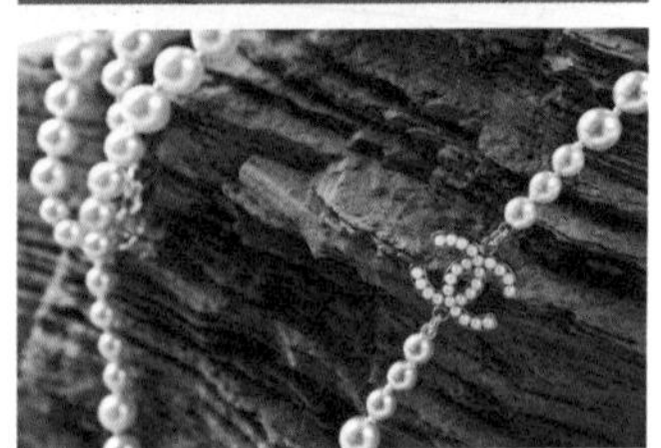

물품과 장소에 매겨지는 세금이며 그 대상으로는 경마장, 카지노, 골프장 등과 가공된 보석, 대용량 가전제품, 고급 시계 등이 있다.

파랑새 증후군 Bluebird syndrome

메테를링크의 동화 《파랑새》에서 현실에 만족하기보다는 행복을 주는 파랑새를 찾아 떠도는 주인공에서 유래한 것이 파랑새 증후군이다. 현 직장에 불만을 품고 어딘가에 있을 거라고 믿는 이상을 꿈꾸는 직장인에게서 주로 나타나는 현상이다.

폐기물 무역

자국에서 처리하기 힘든 폐기물을 다른 나라에 수출해 처리하는 것을 말한다. 주로 선진국이 후진국에 폐기물을 수출하고 있으며 유럽과 미국 등 선진국에서는 자국 내의 환경과 안전에 관한 법률의 강화, 유해 폐기물 처리 비용의 상승에 따라 폐기물 처리가 쉬운 제3세계 혹은 아프리카 국가를 대상으로 하고 있다. 그런데 반대로 쓰레기를 재생하거나 재활용하는 비중이 높은 스웨덴은 쓰레기를 에너지로 만드는 소각장이 많아 오히려 쓰레기를 수입하기도 한다.

프로젝트 룬 Project Loon

구글의 프로젝트로 전 세계 오지의 사람들까지 모두 연결해 정보 격차를 줄일 수 있도록 열기구 등을 이용해 인터넷을 보급해서 세상을 하나로 묶겠다는 목표를 가지고 있다.

플렉스타임제 flextime system

선택적 시간근로제를 말한다. 출퇴근이 자유롭고 직원이 원하는 시간을 선택해 근무할 수 있다. 주로 해외 기업과 연락해야 하거나 외환 관련 부서에서 다양한 이유로 이용되고 있다. IT 산업의 발달로 플렉스타임제가 적용되는 회사는 더 늘어나는 추세이다. 우리나라에서는 LG 화학 등이 실시하고 있다.

하드브렉시트 Hard Brexit

테리사 메이 영국 총리는 2017년 1월 17일(현지시간) 영국은 유럽연합(EU)의 EU 단일시장 및 관세동맹에서 완전히 탈퇴할 것임을 선언했다. 스위스와 노르웨이가 선택했던 EU는 탈퇴하지만 단일시장 내의 지위를 유지하면서 EU 분담금을 부담하는 소프트 브렉시트(Soft Brexit)를 선택했던 스위스나 노르웨이와는 달리 영국은 EU에서 완전 탈퇴하고 국경 통제권을 강화해 이민자 수를 제한하고 분담금도 부담하지 않는 하드브렉시트를 선택했으며 2019년 3월 완전 시행을 앞두고 있다. 하지만 완전한 탈퇴 전에 2020년까지 21개월간 전환기간을 가질 수 있다.

참고 문헌 및 사이트

《사진으로 이해하는 수학의 모든것 BIG QUESTIONS 수학》 조엘 레비 · 지브레인

《한 권으로 끝내는 과학》 피츠버그 카네기 도서관 · 지브레인

《NEW 경제 용어사전 미래와경영연구소》 미래와경영

《경제학사전》 박은태 · 경연사

《Basic 고교생을 위한 정치경제 용어사전》 서경원 · ㈜신원문화사

《시장의 흐름이 보이는 경제 법칙 101》 김민주 · 위즈덤하우스

《상식으로 보는 세상의 법칙: 경제편》 이한영 · ㈜북이십일 21세기북스

《회계.세무 용어사전》 고성삼 · 법문출판사

《한경 경제 용어사전》 한국경제신문/한경닷컴

《부동산용어사전》 방경식 · 부연사

《무역용어사전》 한국무역협회

《금융위원회 금융용어사전》 금융위원회

《시사경제 용어사전》 기획재정부·대한민국정부

《트렌드 코리아 2018》 미래의창

《트렌드 코리아 2019》 미래의창

위키피디아 ko.wikipedia.org